即将来临的粮食世界大战

THE UPCOMING WORLD WAR FOR FOOD

汪涛 著

人民东方出版传媒
東方出版社

图书在版编目（CIP）数据

即将来临的粮食世界大战 / 汪涛 著. — 北京：东方出版社，2018.5
ISBN 978-7-5060-9647-8

Ⅰ. ①即… Ⅱ. ①汪… Ⅲ. ①粮食问题—研究—世界 Ⅳ. ①F316.11

中国版本图书馆CIP数据核字（2017）第302564号

即将来临的粮食世界大战
（JIJIANG LAILIN DE LIANGSHI SHIJIE DAZHAN）

作　　者：汪　涛
责任编辑：辛春来
出　　版：东方出版社
发　　行：人民东方出版传媒有限公司
地　　址：北京市西城区北三环中路6号
邮　　编：100120
印　　刷：北京文昌阁彩色印刷有限责任公司
版　　次：2018年5月第1版
印　　次：2022年4月第2次印刷
开　　本：710毫米 × 960毫米 1/16
印　　张：14.25
字　　数：160千字
书　　号：ISBN 978-7-5060-9647-8
定　　价：46.80元
发行电话：（010）85924663　85924644　85924641

目录

第一章　绝密计划代号“布朗行动”

一、讨论人口问题的前提

我们讨论人口问题一定要特别明确一个前提：**人口总量与资源量的矛盾**。如果没有资源量对人口总量的约束，人当然是越多越好。作者本人一再强调，计划生育肯定是有负作用的，如果没有资源约束，当然不该实行计划生育。所以，不要通过讨论任何计划生育的负作用去否定计划生育政策，而只需要讨论一件事情：人口与资源的矛盾状况是什么。我一再强调这是“两害相权取其轻”，而不是“两利相较择其重”。

现在问题又来了，资源量并不是绝对的，随着科技、经济和贸易的发展，资源量是可变的量。如果人口增长了，为什么不通过科技发展、对外贸易等方式增加资源量解决问题呢？

2017 年年初，国务院发布了《国家人口发展规划（2016—2030 年）》（如无特别说明，以下简称“人口《规划》”或“《规划》”）。

的确，有效增加土地人口承载力也是本次人口《规划》的一个内容。如果平心静气地讨论这个问题，并不难讨论清楚。但问题就在于，如果这个问题被人为干扰，甚至作为战略欺骗的对象，其性质就全变了。

二、以中国粮食为对象的战略欺骗

为了以最简单的方式理解清楚这一点，我们先来做一个比喻：

一座楼房有 1000 吨承载力，现在住在里面的人 A 的东西已经达到了 800 吨，不能再增加了，因为还要留些余量。有人说科技在进步，可以通过改进房子本身，也可以通过外加柱子增加房子的承载力，例如通过外加柱子增加 2000 吨承载力，达到 3000 吨，那不就可以增加住进楼房的重量了吗？事实的确如此，加了柱子后，A 欢心地住进去总量 2500 吨。没问题吧？确实没问题。但如果有个人，比如说 K 把另外增加的 2000 吨中的 1000 吨柱子给人为撤了呢？承载力变成 2000 吨了，此时 A 就超载了 500 吨，楼房还是瞬间坍塌了，A 遭遇灭顶之灾。当然，你可以说 K 也太坏了，怎么可能有这么缺德的人呢？况且他这样做是为什么？对自己有什么好处？好，现在 A 已经知道如果没有 K 手里 1000 吨承载力的柱子，A 就会遭遇天大的灾难，K 未必就一定会真去撤柱子，如果只是害人不利己的事情，他未必真去做。但如果他以此为要挟让 A 交保护费呢？这不就有商业模式了吗？

但 K 知道，如果 A 不超过 2000 吨，就算他撤了柱子也不会导致楼房坍塌。所以要实现这个商业模型，K 就得想办法先鼓励 A 超过，而且是明显超过 2000 吨。然后以上商业模式就可以成立了。“保护费”？那能要多少？少了没太大用，多了 A 能答应吗？当然不会是那么简单地像街道上的恶霸那样直接要保护费，而是要你打开你的金融防线，K 不是真的要把你的楼房搞塌，而是把你的房价泡沫瞬间刺破，然后通过汇市、债市、股市等大量的金融核武器上来，表面上合理合法地一下把 A 的家底搬空。而且是可以长期控制 A，过个十年八年就来搬一次，这就是大家都已经很熟悉的“剪羊毛”——还是玩了无数遍的老套路，只是与时俱进地通过“新常态”的人口与粮食途径来实现而已。

要实现以上战略欺骗计划，K 还需要尽可能掌控所有因素，否则 A 如果想用别的办法增加楼房承载力，替代掉 K 的那 1000 吨的承载力支持，K 的计划还是完成不了。因此 K 要评估：在他启动以撤柱子威慑 A 交保护费计划的一开始，A 肯定就可能要想办法通过其他渠道增加楼房的承载力，或者减少住进去的重量使其降到 2000 吨承载力以下。如果这两个努力很快就可达成，那么 K 的威慑就起不了太多作用，或起作用的时间很短。因此，K 要想达成战略意图，就得尽最大可能地从 4 个方面进行操作：

1. 鼓励 A 增加人口以增加重量。
2. 抑制 A 增加楼房本身的承载能力。
3. 抑制 A 从其他渠道获得支撑楼房的柱子。
4. 增加其他与 A 争抢柱子的人。

通过这些计划，就可以使 A 即使最终发现了他的图谋，也会在相当长的时间内无法回头了。以上就是中国人口问题当前遭受战略欺骗的无界战攻击的大致全套计划。承载力就是粮食，另外的柱子就是特定国家可掌控的对 A 的粮食出口。这看起来有点像谍战小说是不是？我们当然不是在写小说，而是需要用专业的方法来考虑问题。所以，请读者往下看。

三、意图与能力，红军与蓝军

美国专业评估其他国家对其战略威慑的时候，是从两个方面来考虑问题的：第一，是否有相应的实力；第二，是否有使用实力的意图。所以美国总是要问中国，你发展这个东西意图是什么，你得增加透明度。但意图是一个很难评估的东西，中国人俗语是说“人心隔肚皮”，所以嘴上说什么很难作为可靠的证据。我们怎么来分析美国是否存在对中国以人口和粮食为方向的战略欺骗意图呢？在写本书之前我还真为此事犯难，不过意外的是美国新总统真是太给力和太及时了，他居然一上台就把过去美国对其他国家包括中国进行战略欺骗的证据全抖搂出来，并且公开宣布要把相应的经费给停掉，这真是得来全不费工夫，给了支持本书这个论点的铁证。

但我们也别高兴太早了，这绝不意味着以后美国政府就不再采取战略欺骗手段了，而是它评估原来的手段投入产出比实在太低，效益太差。同时也意味着，它很可能保留或新开发一些出人意料的投入产出比可观的战略欺骗手段。可这又让我们犯难了：美国不是准备终止原来的战略欺骗计划，甚至连经费都停了吗？怎么能证明以后还会采用相应的手段呢？下面我们采用专业的方法来解决这个问题。

所有国家的军队要建设自己的国防能力，不会是证明了潜在敌对国家一定会通过什么途径来对付自己，然后才去建设相应的反制能力，而是通过红蓝对抗的方式，各自设想各种预案，针对各种不同预案进行训练。即使明摆着是针对哪个国家，也得说“这只是例行军事训练，并不针对任何特定国家或地区”。所以，我们就来做一个专业的军事演习或沙盘兵棋推演：我成立一个蓝军，读者朋友们想做蓝军还是想做红军自愿选择。蓝军的任务就是设计一整套战略欺骗计划，来建立可以长期有效遏制中国的格局，红军方面来考虑如何应对。我们这只是例行战略训练，并不针对任何特定对象。

四、蓝军开始行动：未来通过什么途径可以有效掌控中国？

美国过去很多遏制中国的战略布局和战略欺骗行动，其实已经算不上是任何秘密了。随着中国经济、科技和军力的迅猛发展，这些遏制手段绝大多数都开始衰弱甚至失效了。

核武器：虽然中国与美国还是有差距，但你毁我 100 次和我毁你 1 次基本没区别。况且中国现在 DF-31、DF-41 等陆基机动，094、095、096 等潜基核二次反击能力都在迅速提升。

三个岛链：在多年前，美国的三个岛链真的是像铁锁一样把中国锁得死死的，海军力量只能待在近海，解放军岸基大炮够不着的地方，基本上就算是美国航母的天下。但现在情况完全不同，解放军将领动辄“离大陆海岸两千公里之内我们谁也不怕”，潜艇、航母、导弹驱逐舰、轰 -6K 等基本上已经视第一岛链为无物，穿来穿去已成例行巡逻任务。

人权：这事儿好些年都不提了。况且美国人权报告一提中国，中国就搞个美国人权报告，基本不会产生什么动静。

最惠国待遇：中国人都快忘了这曾是年年让中国烦透心的事情。

马六甲困局：通过马六甲可潜在地锁住中国贸易，尤其是石油主动脉。没承想 2015—2016 年，不到一年时间，中国突然在南海造出 7 个可起降大型飞机的巨型岛屿，马六甲威胁基本上就算解除了。[①]这一转变意义是极为重大的，它意味着美国对中国最重要的控制手段和套在中国头上最深的经济锁链被解除了。

货币战争：虽然美国经常公开指责中国操纵汇率，但其从来就没能直接通过金融手段控制或成功攻击过中国的金融和货币，过去没有，现在更难了。

科技和武器：过去老是对中国进行武器和技术封锁，不卖这个不卖那个。但现在谁封锁谁都快不好说了。

利用“公知”的颠覆：花再多钱培养中国的公知，最多也就只剩下网上反华公知与反美公知吵成一堆，没任何实际结果。这也是让新任总统很恼火，把费用全停了的原因之一：你们中情局这帮小子在中国花那么多钱，难道作用和效果就只是看中国网友吵架、互撕好玩？！

台湾问题：原来让中国相当头痛的一个抓手。但现在“药量”用得这么大，就表明药效在不断降低，再加大剂量就没什么效果了。与其说美国在继续利用台湾问题，不如说有点像准备“尾货打折抛售”。

达赖：有用没用先不说，先看看他老人家年龄……唉，阿弥陀佛，不说了。

---

① 汪涛：《中西方战略格局已发生根本性转变》，微信公众号：纯科学，2016-07-20。

…………

作为蓝军，必须制定全新的工作计划和方案，开动脑子想办法：过去控制中国的招儿基本上不灵或快不灵了，怎么才能在新形势下找到遏制中国的办法？过去战略欺骗行动中哪些方法只能放弃，还有哪些方法值得改进提升？咱蓝军至少得继续混饭吃不是！

此时，一个小组过来了：老板，我们过去有一个计划进展不错，投入小，见效大，可以继续加强操作。蓝军局长：好啊，咱们深入讨论讨论。

五、绝密计划代号——“布朗行动”

1994 年 9 月，美国世界观察研究所所长莱斯特·布朗博士，在美国《世界观察》刊载了一篇题为《谁来养活中国》的文章。一看文章名就知道，这肯定是认为中国自己生产的粮食养活不了自己。缺口有多大？布朗假设以中国人口达到 16 亿，人均粮食消费水平 400 公斤计算，到 2030 年中国进口粮食将达到 3.78 亿吨，而 1993 年全世界粮食出口总量不过 2 亿多吨。到那时，中国不仅自己养活不了自己，而且全世界也不能养活中国。文章一出，美国学术界就大肆炒作，也引起中国学术界一片哗然。其实这个文章出得很蹊跷，中国早就知道人口和粮食问题对中国的威胁，1980 年就已经开始实行一胎制的严格计划生育政策了，你布朗过了 14 年以后才来警告中国粮食问题的严重性，要纯粹从学术上来说，这不过就是拾中国人口学术研究的牙慧嘛，怎么会在国际学术界炒那么大声音？

要知道，凡是一些学术上并没什么太多新东西的文章，却炒得天翻地覆的，背后必有“另外的文章”。只要看看当年中国粮食进口数据，一切秘密就都昭然若揭了（见表 1–1）。

表 1–1　1994 年前后中国粮食进口情况数据（国家统计局）

年份	1996	1995	1994	1993	1992
谷物进口数量（万吨）	1083	1159	730	642	1058
小麦进口量（万吨）	825	1159	730	642	1058

从表 1–1 可以看出：1992 年时中国有较大的粮食进口，主要来源是美国的小麦。而到 1993 年时进口量锐减，几乎是腰斩。同时由于 1993—1995 年全球粮食供需状况迅速改变，库存下降，粮价上涨，中国当年还出口了 783 万吨粮食，1993 年事实上粮食是净出口的，变成与美国粮商争抢国际市场了。1994 年粮食出口也有 444 万吨。由于中国粮食生产和解决人民吃饭问题成效显著，时任农业部部长何康于 1993 年还获得“世界食物奖”。这哪儿行啊，这么搞美国粮商生意还怎么做？所以，得赶紧炒作一下——中国粮食问题是很严重的，进口粮食还是要大量保持的。所以，《谁来养活中国人》的文章就出炉了。

直到今天，中国学术圈子里还有很多职业学者把中国粮食问题称为“布朗问题”。其实，这篇文章就是为能让美国粮商多卖点粮食而已，没那么复杂，也没那么大学术价值。到现在，离布朗发表文章过去 20 多年了，中国进口粮食已经从当年千万吨增长到 1 亿吨，布朗的预测显然变成现实，应该算得到成功且完美的验证了。现实状况其实远比布朗预测的还要严重得多，布朗对中国人均粮食消费水平的预计太保守了，离 2030 年还有 15 年呢，2015 年中国人均粮食消费已经达到511公斤而远不止400公斤了。奇怪的是，整个美国学术圈却对这事鸦雀无声，无人再提了。为什么？中国已经不得不大量进口粮食了，你还提它干啥？

说到这儿读者可能有点糊涂了，不是说要把中国人口增长当战略欺骗目标吗？这搞反了啊，布朗这是在说中国人太多粮食不够吃，相当于在给计划生育提供支持证据啊？别急，请看下章“知己知彼，找准中国人的弱点”。

第二章　知己知彼，找准中国人的弱点

一、中国人的思维特点

别忘了我们现在是蓝军，我们制定成功的计划必须总结经验教训，知己知彼。中国这个对手有什么特点，有什么弱点咱们要先搞清楚，只有这样才能知己知彼，成功地下手。中国人是很特别的，思维方式和我们西方人不一样。西方人脑子比较直，只要把逻辑过程表面上说得天衣无缝，按西方人的思维方式就全上套跟着走了。但中国人真不一样，太奇怪了，其思维方式既特别简单，又特别复杂。

1. 脸谱化

说简单是指中国人会用很简单的脸谱化概念去应付一切新东西，根本不求甚解。你说中国人好，很厉害，他说你是想捧杀。你说他有很严重的问题，他说你是在搞“中国崩溃论”。不管中国人的反应是对还是不对，总之他不会深入地听你的。尤其他一感觉到你想说服他的时候，很简单地一上来就用这套简单脸谱化的概念先把你一棒子打死再说。这么搞虽然一般都弄不清真正错误之所在，但就有点像中医，大致看清是属于上火还是虚寒，简单几个滋阴补阳的方子还真就把很多毛病说不清道不明地给治好了。

2. 动机与言下之意

说中国人太复杂呢，是你不管说什么，他根本不会轻易跟着你的逻辑套路考虑问题，而是先问你“言下之意”“再言下之意”是什么，动机是什么，然后给你绕来绕去，绕上一大堆弯子。不管搞得清楚搞不清楚，一旦他开始问你言下之意、动机何在，然后跟着就会用脸谱化的极为简单的几个概念，万变不离其宗地一棒子打死你。更糟糕的是另一种情况，中国人心里其实根本就没听你在说什么，就先照顾你的面子说：“好，好，好，太好了。”你以为他听了你的话兴高采烈地继续按自己的思路往下走了半天，最后才发现中国人不仅根本就没按你的思路在走，而且是压根儿就没听你在说什么。尤其是，如果以西方人（外人）的面目出现来说服中国人的时候，中国人本能地一上来就先在琢磨“你想干什么”，有什么动机，根本就没听你的逻辑是啥。所以，要想骗中国人实在太难了。这就是好多在其他国家很好使的招儿，到了中国就全不灵的原因所在。中国人这种思维方式的确有很大坏处，逻辑思维能力不强。但另一方面呢，你要想用逻辑思维很强的那套东西来骗中国人，那就全掉进泥潭里了。这文明古国的人文化积淀太深，都有类似毛病。

3. 印度的案例——东方文明的水都很深

2003年，在美国《外交政策》杂志上，塔伦·凯纳（Tarun Khanna，哈佛大学商学院教授）、黄亚声（Yasheng Huang，美国麻省理工学院副教授）发表了题为《印度能否超越中国？》（*Can India overtake China?*）的文章。美国学术界马上开始狂炒，中国和印度学术界以及媒体也开始有所躁动。中英文版本我都看过了，不用问，这就是想挑起中印恶性竞争嘛，你以为这篇文章真有什么创新的学术价值和意义？2005年5月份，我还在印度负责ZTE印度子公司业务，一个叫亚洲协会的组织在印度搞了一个论坛。亚洲协会？别以为它是日本或其他亚洲国家的组织，它是一个纯粹美国发起的NGO。这个论坛请了大量中印政府首脑和两国大企业家参加。ZTE老板侯为贵也随当时中国总理出访印度，在孟买机场附近的希尔顿酒店搞了一个大型论坛，侯为贵作为嘉宾要在论坛上讲话。我陪他先在贵宾室休息，同时也作他的翻译。一个论坛负责人和嘉宾主持人（是个美国人，奇怪吧！）来与嘉宾先私下谈谈。我忘了这个美国主持人的名字，不过他截至当时10年之间很频繁地来中国，算是个美国人里面的中国通，他把一本西方人William Gascoyne-Cecil写的书*Changing China*（《改变中的中国》）翻译成中文在中国出版，不过主要是免费赠给一些重要人物，市场上几乎见不到。他完全不加掩饰地对侯总说："你们中国和印度现在发展得太快了，9%的GDP增长率，太疯狂了，所以你们中国和印度得竞争一下。"外面媒体都说侯总不善言辞，那都是说给外面人听的，其实他反应极其敏锐，言辞犀利。侯总几乎不假思索就反问："那美国和谁竞争啊？"这一下把这个美国主持人给问愣了，还没等他反应过来，侯总就说：

“美国是在和拉登竞争啊。”主持人一下很尴尬地说：“唉，美国也有美国自己很头痛的问题啊。那不是竞争，那是战争！”

随后几年，美国给了印度很多好处，承认印度拥核地位，经济贸易优惠……反正印度张开血盆大口，把美国人给的好处能吃的全吃下去了。美国以为下了这么多鱼饵能把印度钩住，印度也装疯卖傻地不断在美国人面前反复宣称“印度是世界上最大的民主国家”，让美国以为印度天生就是跟美国一伙啊。你怎么就不去亲自查查印度宪法是怎么说的啊？印度宪法第42修正法，将印度国家的性质表述由“主权的民主共和国”修改为“主权的、社会主义的、世俗的、民主共和国”。人家确实是民主国家，但人家也是社会主义国家好不好。国大党是有社会主义性质的政党，甚至共产党在印度西孟加拉邦等地方长期就是执行党。美国人哪能理解得清楚这种咖喱糊糊式的表述到底算是什么东西。知道美国、苏联甚至中国都不同程度把印度当作自己的朋友是为什么了吧！美国哪里能想到印度不仅把鱼饵吃了，鱼钩取下来自己用，连鱼线也给剪了自己留下。然后还跑上岸对美国人说：你这鱼竿、鱼饵桶和桶里剩下的鱼饵都是给我准备的，凭什么不赶紧都给我？等美国人目瞪口呆想印度人怎么考虑问题这么“不可思议”时，印度人一本正经地对美国人说：你们口袋里不是还有7套方案吗？赶紧把这7桶鱼饵都拿出来啊！如果还有新的方案一定不要忘了及时通知我们一下，否则你得负责任。美国人想要的与中国竞争的事呢？印度人晃晃脑袋搞不清是肯定还是否定地说：那是我们和中国人之间的事情。然后呢，那就没有然后了——200多年历史的美国想直接编个逻辑设个鱼饵，就去套住有五千多年历史的中国和印度两个国家，你都在想啥呢？知道印度政府公益宣传广告是怎么说的吗？“Incredible India”，那就是“不可思议的印度”。明白特朗普为什么要掀中情局的桌子，把桌子底下的国家机密全抖搂出来原因何在了吧？真是气死人了，瞧你们这群废物干的都是些什么烂事情？！

但是东方人思维这么精明，是不是就没有弱点了呢？当然不是。

二、中国人深刻的弱点

1. 喜欢走极端

你以为中国人用“中国威胁论”的万能大棒把你打死了就不再理你的时候，转过身他却开始认真读读文章里说了什么，看有什么是对自己有用的。等他刚想明白了一点真开始接受并操作的时候，那就不得了了，真搞的东西全是远远超出西方人意料的惊人之举。1995 年，中国一方面对布朗以散布“中国崩溃论”的罪名乱棍飞舞，另一方面重新开始疯狂进口粮食，而且自己的粮食产量也突飞猛进，结果搞得粮库全堆满了，几年都吃不完。1998 年，长江发生百年不遇的特大洪水，就用粮食当土袋子去堵长江大堤。1998 年，中国粮食产量达到阶段性峰值的 5.1 亿吨。然后等明白不能这么义气用事的时候，粮食产量就雪崩一样开始下降，到 2003 年下降到 4.3 亿吨，居然减少了 8000 万吨。你布朗不是说我中国生产的粮食不够吃吗？我中国就能生产出最后把它当土用的程度，给你布朗小子瞧瞧。估计布朗那几年应该是被吓坏了。

但是，客观规律毕竟就是客观规律。2003 年之后，中国的粮食产量就一路上涨，到 2015 年增长到 6.21 亿吨，直到 2016 年同比减产 520 万吨，终于真的进入粮食产量的极限区域了。同时，粮食进口也更大幅度地狂飙突进。

不仅是在粮食问题上如此走极端，在别的问题上也是如此。一段时间中国极度鼓励人口增长，发现不对劲了，竟然又用 30 多年只能生一胎紧急刹车方法止住严重后果。只要中国人喜欢走极端的思维方式成功地被利用，改变一胎制的极端计划生育政策，就很可能走向另一个极端，再次让人口暴增。这不就成可资利用的机会了吗？

2. 先合情，后合理

中国人思维方式虽有很难被骗住的地方，但也有非常好骗的弱点——比较柔性化，感情用事。考虑问题叫“合情合理”，请注意是“先合情，后合理”。只要你能在感情上击中中国人的痛点，后面逻辑上是不是有矛盾就不重要了。只要先合了情，那后面不管怎么说就全是理。只要合了情，没理也有理。辩证法在中国人看来完全弱爆了，对立统一，只有对立的才能统一嘛，所以逻辑矛盾在中国人那里根本就不算个事儿。

既然按西方人思维骗中国人太难了，很显然，那就全用中国人来骗中国人才能真正成功。中国人自己最明白编出什么样的理由最容易把中国人自己糊弄住。所以，我们蓝军方面要彻底改变策略，全用中国人来制定对中国进行战略欺骗的整套方案，而所有西方人面孔在整个行动过程中绝对不能再在中国人面前出现。布朗不仅是西方人面孔，而且他当年的理论与咱的计划方向完全不符，尤其是他的理论已经充分地得到今天中国现实的完美证明，直到今天中国学术圈还把中国粮食问题称作“布朗问题”。这要是被中国人自己的媒体翻炒开了那就全坏事儿了。所以，你布朗小子一定得给我躲得远远的，千万别给我蓝军添乱。不仅如此，还要把他当年搞得中国人粮食当土袋子的历史作为反面教材让蓝军方面的中国人讽刺恶心一下。

“以情动人、以情感人、以理服人”可以有效影响中国人，而“以情逼人、以情讹人、以情唬人”也很可能有效影响中国人。西方经济学讲“理性经济人假设”，那是在符合理性的条件下才成立的，但因为中国人的弱点，往往在任何历史时期都会形成某个“一窝蜂”的热点，一哄而上，一哄而下。虽然热点是不断变化的，但一旦某个事物成为热点，就会产生相应的不理性消费行为带来的严重问题。华人并不是就一定生育意愿很强，但如果将生育意愿推入一定时期的不理性热点，就可以让中国人的生育意愿变成一种不理性的行为。18 英寸彩电成热点的时候，有钱没钱的人家你都得买一台。现在一定要买房子是理性的吗？不买房子丈母娘就不把女儿交给你，你有什么办法？现在很多人认为城市生活费太贵，养孩子成本高，所以人们不愿生育。成本高就不愿生育？那不正是新的潜在炫富渠道吗？只要完全放开生育限制，一些全新的“以情逼人、以情讹人、以情唬人”的生育观念就可能会大行其道，你都不知道从哪里冒出来的：

- 豪车别墅不算数，有了三胎才算富。
- 如果家里没老三，三心二意要变天。
- 只要家里有老三，不怕外面有小三。
- 结婚 6 年没三口，同学聚会难开口。
- 结婚 6 年没仨孩，网络群里别冒头。

…………

你以为通过什么理性经济人假设为前提用数学分析推导出来的决策结果会影响中国人？这才是中国人最擅长玩的，也是中国人最容易接受的东西。主流媒体，春晚再去批评这种错误观念？相当长时期那只是加剧传播。等整个社会都开始明白真不能这么搞的时候，一切都晚了。

三、奇特的中国饮食文化

原来说中国有五千年的文明，饮食也跟着说是五千年饮食文化。其实根据中国大量新石器考古遗址来看，中国作为世界三大农业起源中心之一，尤其长江中下游、珠江流域发现的很多上万年前新石器遗址中水稻起源的证据表明，中国饮食文化那得按上万年计算了。中国软实力输出，首先输出的就是舌尖上的文化。饮食文化那是几千年上万年沉淀下来的东西，从中可以体验到很多无比深厚的历史信息。有人研究认为，穆斯林斋月的习俗，是由于早年长年食物来源匮乏而形成的。日本精细的一个米粒都不浪费的料理制作方式，同样是在长期食物来源匮乏，不得不将食材吃干吃净的压力下形成的。

中国的饮食文化却非常奇特：一方面，食物来源极为广泛，且利用极为充分；另一方面，制作方式、饮食习惯真的是大口喝酒、大碗吃肉，相当浪费。这其实反映了中国历史上粮食状况的两个极端：一方面，以水稻为基础的农业形成的高产高效，使中国粮食产量远高于同期其他地区，中国人口极限量也远超过其他地区。由此在历史发展过程中会出现非常长期的食物充足、不愁吃喝的幸福日子，这就使其不需要那么重视粮食是否浪费，甚至还要故意炫耀一下、浪费一点以显示富足。出去请客要是不点足了最后剩下一堆，那实在是太没面子。另一方面，一旦人口超过粮食极限，必然周期性出现极大规模人口的饥荒，由此引起的农民大起义也会使中国从人口极限点向下崩溃时的惨烈程度远远超过其他地区。

四、并不遥远的大饥荒

不要以为饥荒离我们很遥远。2017 年春节晚会上，主持人介绍 104 岁的老红军王定国时，全场起立对她致敬。她在长征路上一个脚趾被冻掉而被称为“九趾红军”。后人请她介绍长征的苦，但出乎人们意料的是她并不认为长征有多苦，因为参加红军之前生活更苦，一个妹妹就是活活饿死的。2016 年长征胜利 80 周年纪念，很多人写了介绍当年红军的文章，过草地时红军超过三分之一的人饿死，后面的红军是把前面红军的遗骨作路标走出草地的。如此险恶的环境，为什么长征过程中还有那么多人不断参加红军？人们采访健在的老红军当年为什么参加红军时，以为他们会介绍为革命理想等等，但几乎所有人回答的原因都一致：为找一口饭吃。加入一个过完草地有超过三分之一的人饿死的队伍，只是为了要找口饭吃！我们今天看长征很苦，但王定国告诉人们他们是唱着歌走完长征路的，因为在参加红军进行长征之前更苦，饿死的人更多。

活命是人类最重要的本能，都知道参加红军闹革命是很有可能死人的，但不参加红军饿死的可能性更大。我们今天在如此和平的时期难以理解历史上的动乱年代为何那么残酷，那么多人参加革命、搞农民起义，其实一旦整个社会大量的人没饭吃活不下去的时候，一切人间最残酷的事情都不是什么难以理解的事情了。就如冯小刚的电影《1942》所反映的，当年饥荒导致河南约 300 万人饿死。在天天有人饿死的逃荒路上，在人类最基本的求生本能驱使下，眼看着自己亲生女儿被妓院拉走，作父亲的竟然深感幸运。即使中华人民共和国成立后，1959—1961 年遭遇经济困难，出现饿死人的现象，对应的惨状让人不堪回首。今天健在的很多老人都有当年的惨痛记忆。

在平时人们只要有吃的，不会轻易去尝试没吃过的东西。而当大量人处于饿死边缘的时候，就没什么东西不能尝试了。这就是中国人食物来源会这么广泛，远远超越其他地区人们想象的原因所在。即使同样的家畜，中国人对其利用率也远远超过其他地区。其他国家地区，人们一般只吃肉的部分，但中国人对所有家畜的内脏可以说是吃干吃净。心、肝、胃、肠……最后剩下的做成杂碎，一点儿不剩，这在世界上真是相当独特。周期性出现的惨烈大饥荒，使中国人将一切可以吃的东西彻底发掘干净。

但是，当整个社会经历人口的瞬间崩溃，恢复到常态时，曾经惨烈的饥荒痛苦记忆慢慢消散，重新回到食物充足的状态。于是，极为广泛的食材保留下来，而粮食消费的浪费方式又在餐饮行业和民间攀比富裕的竞争中越来越盛行，逐渐走向另一个极端，就像今天中国社会的状况一样。我们以为今天中国人普遍吃出“三高”是工业社会终极解决了粮食问题，岂不知中国历史上这样粮食吃不完的时候多了去了。别忘了中国仅仅 30 多年前宣布改革开放时，邓小平说服大家搞改革最打动人的理由是“得让人民吃饱饭”。也就是在不到 20 年前，中国才刚刚宣布解决了“温饱问题”。而事实上，中国刚刚宣布解决了温饱问题，由于人口数量的暴涨，已经进入无法靠自身耕地让自己的国民温饱的境地了。中国粮食进口量从宣布解决温饱问题时刚过千万吨，暴增到现在的 1 亿多吨，已经超过全球粮食贸易量的 30%。

五、舌尖上的浪费

中国的饮食文化不仅博大精深，更是盘大锅深、油厚汤浑、渣料不清。别说是要面子产生的浪费，就是你确实想去“光盘”，还真不是那么容易的事情。有几个中餐盘子最后不得多多少少剩下点东西？吃辣子鸡丁的乐趣不仅在于鸡丁的美味，还在于从一大堆辣椒中寻找鸡丁的过程。你要真想把那一堆辣椒“光盘”了，得多大勇气，多重的口味才行？虽然这个还真没必要，但要知道那一堆辣椒曾经占用的耕地面积资源就为吃这几个鸡丁被倒掉了。要想把火锅、水煮鱼、麻辣香锅中能吃的东西挑完，没有相当足够的耐心恐怕是不行的。这带来的问题并不仅仅是充分吃掉食物很困难，而且是使得怎么才算浪费粮食的认定标准也很含糊。吃完饭之后盘子里还剩下一堆东西，里面能吃不能吃的全混在一起，你怎么能说别人浪费了粮食呢？在这种情况下，就算制定了浪费粮食处罚的条文，往往也无法执行下去。例如，有人盘子里剩下一堆东西，你凭什么说那是浪费？如果你真要依据某个新的规定去处罚这个人，他会要赖（但凡要被处罚的有几个不想办法要赖的？）说你把盘子里的东西都给我吃光看看，可能吗？

图 2-1　中国饮食文化的确博大精深，更是“盘大锅深、油厚汤浑、渣料不清”

虽然其他国家也存在粮食浪费问题，但中国每年因餐桌上食物浪费而损失的粮食比例远远高于其他国家，这个我们得客观承认。整个食物从生产到消费的过程想一点儿损耗都没有是不可能的，但在中国人为的粮食浪费真的让人痛心不已。联合国粮农组织和中国国家粮食局统计数据显示，中国每年生产的粮食中有 35% 被浪费，其中餐桌外的浪费也高达 700 亿斤，接近我国粮食总产量的 6%。

图 2-2　有几个中餐吃完后能不是这种状况的？

日本料理吃完后基本不会剩下任何东西，汉堡、三明治即使没有刻意去“不浪费”，吃完后顶多也就剩下点面包渣，如果用食物纸包接着，最后连这点面包渣也很容易就一点儿不剩地吃光吃尽。

有人认为如果中国真遇到饥荒，我们可以宣传节约粮食啊！但朋友们，中国几千年、上万年形成的深厚到那种程度的饮食文化习惯和口味喜好，你以为几天、几个月的宣传就可以轻易改变？如果1月份开始遇到饥荒，你能在6月份就让中国人把所有食物都吃得一干二净？你能因为要节约粮食就规定不能再吃辣子鸡丁、不能再吃麻辣香锅？

六、“可光盘化”中餐改革与饥荒教育

如果不从根本上对中餐进行一定的改革，仅仅宣传、号召节约和批评浪费粮食是收效甚微的。要想清楚认定是否浪费粮食，唯一的办法是要使得端上桌的盘子里除了骨头等食物本身存在的不可食材料外，其他必须全部是可吃的东西。其实在尽可能保持中餐本色的前提下，只要把一般不能食用的花椒等调味材料粉碎变成可食用的，或采用丝网包裹方法隔离，“只取其味，不留其渣”的方式，就完全可以做到中餐的“可光盘化”。这些方法其实都存在，只是国家没有专门要求一定如此。如果以“可光盘化”为宗旨制定“粮食节约法”，将这些改革变成法律固定下来，对餐饮行业和中餐本身特色文化影响并不大，但却可以为下一步制定严格的对浪费粮食进行处罚的制度打下基础。只要进行了这一步改革之后，采用一些相当简单的规定就可认定是否属于浪费。如吃完饭后把盘子翻过来 3 分钟，只要滴下任何一滴或一粒东西，都属于粮食浪费；单个盘子浪费量超过 200 克，那就是犯罪；平均一顿饭每人浪费粮食量超过 1 公斤，就可判刑；所有政府公职人员一旦犯下浪费粮食罪一律就地解职。事情就全解决了，国民并非不可理解。真是中国人都想要这么浪费？也不是，但面子问题在那里摆着，谁敢丢面子不点一堆吃不完的东西。但如果有统一严厉的法规呢？其实也是给大家找到一个下台阶的机会——对不起，真不是我小气，现在处罚太严了，而且可能害大家一起坐牢。

饮食文化是非常顽固的东西，但也不是绝对不可改变的。几十年前中国对酒后犯罪非常宽容，但现在酒后一切犯罪行为都不受任

何宽容，国民也都接受了。原来酒后驾车出了事情也很宽容，但现在不管有事没事，酒驾本身就是犯罪，而且制定了严厉处罚规定，国民也都理解了。如果不从现在起就对中餐进行“可光盘化”改革，并逐步对粮食浪费制定极其严厉的处罚措施，真等到饥荒来临时，可能中国人还在大吃大喝把救命的粮食都浪费掉了。从现在起，中国亟须对国民开始进行广泛的饥荒教育，而不是无关痛痒的“节省粮食”教育。

说着说着又忘了，我们是蓝军，上面节约粮食的高招对红军方面千万要严格保密，以免他们有效节省粮食了给我们布朗行动的实施制造困难。食物的浪费程度越高，就意味着吃进去相同营养情况下需要的粮食更多，也就意味着同等粮食产量支持的人口极限量更低。因此，粮食是解决问题的关键所在，也是蓝军的抓手所在。

第三章　以粮食为抓手

一、抓手——可操控性

你要想去控制住对方，首先得想明白有什么东西是可操控的。专业的战略家们把这称为“抓手”，如果没有可抓住的地方，你琢磨再多也没用。人口增长会遇到的极限资源是有很多的，除了粮食，还有水资源、能源、环境等。为什么我们蓝军只选择粮食重点考虑呢?

先来看水资源。人口增长了当然会在水资源上遇到困难，中国已经投巨资完成南水北调工程来解决水资源的问题。但是，问题不是中国在水资源上有什么困难，而是如果我们蓝军要想控制和左右中国水资源的话，能抓住什么东西。水资源体现在河流、湖泊、地下水、雨水等。能实现对他人水资源控制的主要抓手是通过河流，并且你得在上游才能控制下游。看看中国地图，但凡中国主要的河流长江、黄河，整个流域包括源头全在中国境内。跨国流动的河流，雅鲁藏布江、湄公河、澜沧江等，源头全在中国，要控制也是中国控制别人，别人控制不了中国。而北边的黑龙江、鸭绿江，从源头到入海口全是中国与别人一家一半，谁也控制不了谁。

还有一个可以掌控的潜在抓手是水坝，战争中通过彻底破坏水坝人为引发洪水，对敌方形成巨大的杀伤。例如，第二次世界大战中英军用兰开斯特轰炸机携带特制的跳雷炸毁鲁尔水坝，对德国鲁尔工业区形成毁灭性打击。也有以中国为假想敌的人讨论过通过炸毁三峡水坝对中国形成巨大破坏的可行性。无论结果是什么，这些都已经是纯战争行为，水坝很难成为一种在非军事行动无界战中的抓手。

图 3-1　兰开斯特轰炸机

所以千万别提水资源，完全没用。该明白中国水资源问题其实很严重，但美国学术界和媒体除了指责中国不该建一些水坝以外，从来不喜欢炒作中国水资源问题是为什么了吧？原因很简单，不仅蓝军方面完全没抓手，而且可能有的抓手全在中国人手里。所以千万别提这事儿。如果美国某个水利专家研究关于中国水资源的纯学术课题，那是他自己的事情，但要想从我蓝军或其支持的基金会里申请点什么经费那是门都没有！

那能源呢？虽然人口《规划》里提到了能源安全，但一定要清楚并不是所有中国能源都存在安全问题。中国煤炭有的是，根本用不完，存在安全问题的主要是石油，2016 年中国石油对外依存度已经达到 65.5%。但国际石油市场现在供应者越来越分散化，石油其实并不缺，问题只是怎么运回来。马六甲海峡是中国石油进口的一个要道，因此原来中国的马六甲困局是控制中国能源安全的最佳抓手。可惜的是现在中国在南海 7 个大型岛礁一建，中国也能轻易控制住马六甲海峡。并且，中国不断地使能源供给分散化，风能、太阳能、核能、水能等新能源，新能源汽车等超高速增长，以后这个抓手就更不好抓住了。

能源对中国另一个真正的问题是环境，尤其是雾霾。但你能通过在中国边境建一堆高炉生产雾霾让它飘到中国境内，从而操控加重中国的雾霾吗？投资太大，效果微弱，而且道义责任明摆着。通过柴静等以舆论方式倒是做了一些文章，不过这个抓手顶多也就是给中国政府抹抹黑，引起一些内部争论。一会儿有人说这是西方的阴谋，想遏制中国经济发展，一会儿中国自己想明白该怎么办了，又说服美国一起搞碳减排。况且中国政府意识到雾霾问题必须解决，然后一发狠，说不定几年之内雾霾就解决了，这个抓手不仅起不了太大作用，搞不好又成了证明中国政府太能干的一个证据，太不划算了。

但是，中国人必须吃粮食，而美国拥有世界上最大且品质优良的耕地面积。不仅如此，美国控制了世界上四大粮商（美国 ADM、美国邦吉、美国嘉吉、法国路易达孚）中的三个，对美国之外的粮食生产也有巨大的掌控能力。中国有 18 亿亩耕地（最新统计为 20 亿亩），而美国有 25 亿亩耕地，占全球耕地面积的 13.15%，每年的粮食出口额在 1400 亿美元以上，世界粮食第一出口国的位置无人可以撼动。美国拥有巨大的粮食储备，谷物的结转库存占世界第一，近年来大致接近世界库存总量的 1/3。中国人口是美国的 4.3 倍，耕地面积却不到美国的 80%。2012 年，美国的谷物总产量为 3.63 亿吨，人均占有量 1160 公斤[①]，同年中国人均占有量却只有 435.4 公斤，美国是中国的 2.66 倍。中国现在进口粮食量已经越来越大，如果再能让中国人口狂增一番，人一旦生出来你就不能让他再回到娘胎里，人口一旦超量太多，几十年内都不会再轻易减下去，这样中国人的饭碗就一步步地掌握在美国人手里了。请注意，这个抓手比马六甲海峡可要牢靠和持久得多，因为这个抓手完全是在美国自己家里，不依赖其他任何国家的资源。我不卖给你粮食，难道你还能到我美国境内来硬抢不成？这太让人兴奋和激动了！

水资源等也是中国重要的资源约束问题，甚至非常严重。但没有抓手，它就只是一个纯客观的问题，解决得好不好全在中国自己。另一方面，这个问题是客观出现，时间上是逐步加重，中国自己也就有客观的缓冲时间和空间去想办法解决。

---

① 《美国农业发展现状》，中华人民共和国财政部，http://www.mof.gov.cn/mofhome/guojisi/pindaoliebiao/cjgj/201407/t20140708_1109872.html。

图 3–2　大规模机械化的美国农业

图 3–3　美国的农田是圆形的(作者:移动看世界,“万米高空拍下美国中西部神秘图案,你看得懂是什么?”,http://www.wanhuajing.com/d85379),大型农业机械的采用以及使用中心支轴自动灌溉系统技术,使美国农业拥有极高的劳动技术生产率

而粮食可以成为抓手，那情况就完全不一样，它既是一个客观的问题，更是一个有战略安全性的问题。如果超出极限只能依靠我蓝军提供出口的粮食，那部分就全抓在我手里了。你中国这部分供应保障怎么样，就完全取决于我蓝军方面的意愿。我不想管它，完全交由市场去调节，你经济学家说的市场规律就有用。我不想让市场去调节，而把它当成战略工具去人为调节，那你中国人的命就全掌握在我手里，经济学家说的市场规律就等于废话。当然，经济学家们不会因此感觉自己有任何丢脸的，他们会拿出概念库里的“市场失灵”为自己辩护，甚至反过来指责说：你看，凡是有形之手在控制的都是错误的。但从战略的专业角度说，就是这种有形的抓手进行的掌控才是正常的战略规律。如果是我蓝军人为去调控，这个问题什么时候出现，你能做出反应的时间就不是客观的，而高度取决于我的战略安排和人为设计。我如果不想让你有时间和空间做出有效反应，就会使这个抓手按我的战略设计瞬间起到致命作用，并提前计划安排强烈干扰、误导你进行有效反应的努力。或者选择有天灾等自然条件配合时发起攻击，你做出反应的客观条件就处于最恶劣的状态。

二、为什么粮食可以成为抓手？

1. 蔬菜为什么不能做主粮？

水资源和能源都不好作为抓手，那为什么粮食就可以成为抓手了呢？有些网友甚至反问我：中国蔬菜产量已经接近 8 亿吨，占全球 60% 左右，出口量也是全球最多，达上千万吨。难道其他国家也可以被中国通过蔬菜控制？在这里，我们得简单普及点粮食的常识，说说为什么有“主粮”这个概念，以及为什么蔬菜不能成为战略控制资源。

从分子水平上说，水占人体约 60%，糖类和脂肪占人体约 14%，蛋白质占人体约 17%，其他如维生素、矿物质、纤维素等不到 10%，这些号称人体的七种营养素。但请注意最后一种营养素“纤维素”很特别，人的消化系统并不能吸收纤维素，它主要起刺激肠胃蠕动、清肠道的作用，是人体里的过路客。只有食草动物的消化系统才能消化吸收纤维素。下面我们来看看几种蔬菜和果品的水分含量。

表 3-1　几种蔬菜和果品的水分含量　　单位：%

名称	水分	名称	水分
苹果	84.6	辣椒	92.4
梨	89.3	冬笋	88.1
桃	87.5	萝卜	91.7
梅	91.1	白菜	95
杏	85	洋葱	88.3
葡萄	87.9	甘蓝	93
柿	82.4	姜	87
荔枝	84.8	芥菜	92
龙眼	81.4	马铃薯	79.9
无花果	83.6	蘑菇	93.3

由表 3-1 可看出，蔬菜和果品 80%—90% 都是水，包括游离水和结合水，一些新鲜的青菜水分含量甚至可高达 97%。说到这里读者朋友们就该明白：中国 8 亿吨蔬菜产量，其实里面 7 亿吨左右都是水，剩下的 10% 左右干货里面又有 40% 左右是纤维素和半纤维素。

所以只有6000万吨左右是有可能真正填饱肚子的可吸收营养物质（也不是全能吸收和吃掉），包括果胶、有机酸、含氮物质、色素物质（叶绿素、花青素、类胡罗卜素、黄酮类色素等）、风味类物质（香、甜、酸、苦、辛辣味等物质）、维生素、矿物质等。维生素和矿物质非常重要，但它们都是用毫克为单位来计算成分含量和人体需求量的。8亿吨蔬果里的7亿吨水当然都是好东西，但你直接喝水也可以替代。纤维素当然也是好东西，但它们不仅不填肚子，还把肚子里的油腻东西刮走了。这在吃太多油腻食物时是好事，但在一点儿荤腥见不着、饿得走不动路时当然就没啥用了。

中国土地少人多，就鼓励多种蔬菜。大家都知道，1公斤蔬菜（90%左右是水）比1公斤大米（全是干货）还贵，这可是合理合法的“掺水”啊！（人家是生物技术长进去的，可不是简单兑自来水掺进去，还是有根本区别的。）要是单比干货的话，这蔬菜价格得是大米的几十倍，这都是“掺水”的功劳。但蔬果里“掺水”越多，顾客还越高兴，说这东西水分多，对人体很有好处。女孩儿把很多种蔬果直接处理下放在脸部都可以当面膜用，补水、嫩肤、美容。有这种效果的东西谁还在乎价格？你要是大米90%都掺的是水和蔬菜一样价格去卖试试看，顾客不扁死你才怪，那已经是在饭馆里免费提供的稀饭和米汤了。因此，在极为有限的土地里尽可能多种蔬菜对提高农民收入有很大好处。因为中国需要大量进口粮食，因此也用蔬菜（2016年827万吨）水果（347万吨）的大量出口来弥补一部分贸易逆差。

2. 种土豆为什么不能完全解决主粮问题？

有人还问过：土豆产量不是非常高吗？亩产可达 1 吨，甚至 2 吨多，荷兰平均土豆亩产可达 3 吨，理论亩产甚至可达 8 吨。但看看上面马铃薯的数据，79.9% 是水，真正干货的亩产还不如现在的小麦。并且，千万别轻易拿荷兰等国土豆平均产量说事儿。荷兰多大地方？气候一致性很好，你拿到中国这南北差异这么大的国家，情况就全不一样了。中国虽然国土面积并不是世界上最大的，但南北跨度却是世界上最大的，从北纬 53° 一直到曾母暗沙的北纬 4° ，达 5500 公里。呃……这曾母暗沙嘛着实是太远了，整个南海它也基本不长庄稼。但那也是中国的国土啊，在大是大非的问题上还是先搞清楚，至少得保证不犯政治错误不是。然后就算到海南三亚吧，扣掉南海 2000 公里那也得有 3500 公里，还是最大。准确点说南北跨度最大的国家是挪威，不过那只是因为其主要国土接近北极，却在南极洲有个布韦岛，一下使挪威南北跨了 135° 的纬度。但这个对我们讨论的事情不太算数。这意味着中国农业生产气候条件的差异是最大的，同一农作物品种往往只能在中国部分地区推广，而不可能真正推广到全国去。美洲培育的土豆之所以能对世界粮食和人口产生巨大影响，不是因为它干货的亩产量最高，而是因为它对土地和气候的适应能力远比稻米和小麦强，可以把很多原来没法种粮食的地方开垦为种土豆的耕地。

客观地说，真正在单位耕地里产出粮食干货能力最大的，到现在还得算是中国老祖宗培育的大米。中国 2014 年稻谷的全国平均亩产达到历史最高的 454.21 公斤，基本到头了。因此，要想养活更多人口，最重要的办法还是开垦更多耕地。每养活 1 个人，就得新增

1 亩左右的耕地。从传统农业技术来看，中国已经没有新增耕地的潜力了，要想添丁加口主要只能靠进口粮食。如果在其他单产量低的地方，新增的耕地还得更多。中国现在每年新增 700 万—800 万人口，就意味着必然得新增 800 万—1000 万亩耕地，或者新增相应的粮食进口，否则就不够吃。

再者，要考虑可储存的能力。大米、小麦、玉米等都是可以储存好多年的东西，可储存的时间越长，其对抗粮食危机的价值就越大。连松鼠都知道储存松子过冬，而不会去储存青菜。蔬果那是“鲜货”，主要是现收现吃的。即使你有巨大的蔬菜产能，一旦因天灾不能生产了，几天以后蔬菜就全没了，即使有的没吃完的也全烂了。只有像大白菜这样的蔬菜储存能力稍强些，那也只是过一冬而已。夏天你在外面储存大白菜试试，同样很快就烂光了。城里人吃的大米等粮食，很多可能都是 3 年前的战略储备，刚收的大米味道那是相当不一样的。

3. 粮食生产出口能力集中情况

再来看看全球十大粮食出口国及其出口占比状况：

美国：10%

巴西：5.3%（有一主要产品是咖啡豆，不是粮食）

中国：4.3%（蔬菜等起了很大作用）

加拿大（美国盟国）：3.3%

阿根廷：2.5%

印度：2.5%

印尼：2.4%

澳大利亚（美国盟国）：2.2%

泰国：2.1%

马来西亚：1.7%

由此可见，这十大出口国基本全在美洲和亚洲。非洲和欧洲及整个中东地区他们能喂饱自己的肚子就不错了，且非洲人口增长全球最为迅猛。10 多年以后，澳大利亚以及除了泰国的其他亚洲国家包括越南等人口大国因人口的高速增长基本上都得转成粮食净进口国。以上亚洲国家里，中国与印度人口分别位居第一和第二，10 年后印度人口肯定会持平或超过中国。印尼 2.58 亿人为全球第四。此前，印度一直是粮食出口国，但 2016 年，印度因遭受旱灾 16 年来首次开始进口玉米。10 年后主要粮食净出口国会高度集中到美国及其盟国手里已经是非常清晰的前景。只有俄罗斯等国是有充分潜力的未充分开发产粮区。

4. 减少人均粮食消费可以解决问题吗？

粮食缺口不仅与人口总量有关，也与人均粮食消费量和耕地总量有关。有网友甚至宣称："适当粮食进口不仅不会威胁我国的粮食安全、经济安全，更是一种经济实惠的方法；纯凭激情的阴谋论可以歇一歇了。"[①] 该网友以对粮食和水资源的研究来说话，这一点还是值得肯定的，总比那些完全不研究粮食却想对人口问题发话的人要强多了。该文提到这样的观点：一是进口粮食是有好处的，二是可以通过减少人均粮食消耗（该网友强调消耗而不是消费，我们这里就接受这种说法）量来应对粮食缺乏的问题。例如，该网友收集的

① 飞场南石：《说说粮食进口与粮食安全》，微信公众号：风云之声，2017-03-06。

数据（未经核实，权且先认可这些数据来讨论）如下：

年份	人均粮食产量（公斤）
1978	317
2000	365
2015	452

1978 年和 2000 年时粮食进口量极少，2015 年中国有大量粮食进口，人均粮食消耗量为 560 公斤。网友飞扬南石因此认为："2015 年，中国即便不进口粮食，也能保证每人 452 公斤的消耗，何谈粮食安全问题呢？"如果进行一定的粮食进口，可以减少中国耕地和水资源等的占用，"中国大豆的单产是每亩 120 公斤，仅进口 8169 万吨大豆一项就相当于节省了 6.79 亿亩土地"，"进口 1.48 亿吨粮食，相当于进口了 625 亿吨农业用水"。

这两个观点看起来似乎有道理，并且是有一定代表性的。但是，其中却存在着致命的逻辑错误。

首先，必须搞清楚临时性的粮食短缺与人口总量超过极限导致的长期粮食短缺之间的根本性差别。如果是长期的粮食短缺，必须有长期稳定和可靠的粮食进口供应。考虑进口粮食是否划算，那是你粮食供应充分，可以游刃有余地考虑想不想进口粮食。如果你是粮食根本不够吃，不得不进口粮食，就由不得你考虑划算不划算的问题了。

其次，人均粮食消耗代表了生活水平。人的生活水平一旦上去，临时下来一下可以。如果因为人口总量超过极限不得不长期地降低人均粮食消耗量，那就意味着生活水平必须长期地维持在低水平上。布朗的文章中给出的 1990 年中美两国人均食物消费量对比如表 3-2 所示。

表 3-2　1990 年美国和中国人均粮食消费和畜产品消费　　单位：公斤

国家	粮食消费	畜产品消费	牛肉	猪肉	鸡肉	牛奶
美国	800	42	28	44	271	16
中国	300	1	21	3	4	7

表 3-2 中可见 1990 年美国各类人均食物消费量几倍甚至几十倍地超过中国，直到今天，中国也远远没有达到 1990 年美国的人均水平，但已经不得不大量进口粮食了。如果未来要中国维持到当年的水平，中国人的确有可能活下来，但必须长期忍受几十年前刚解决温饱时的低生活水平。请问读者您愿意吗？因此，未来中国的人均粮食消耗量不是可以考虑下降，而是必须还要考虑大幅度，甚至成倍提升的问题。否则的话，就不得不接受中国人的人均生活水平永远也不可能赶上美国的局面。或者说，完全不考虑中国人均生活水平而一定要让中国人口总量远超极限，目的也就是要让中国人的人均生活水平永远赶不上美国。

再次，1984 年，中国才宣布解决温饱问题。所以，如果对 1978 年的人均粮食产量不作说明，以为如果粮食有问题，中国也可以降低到 1978 年时的人均水平就足以应对的话，那就大错特错了。那时候有大量的人挨饿，连温饱问题都还没有解决。那时候有大量的人挨饿社会没有出大乱子，10 年、20 年以后，如果中国人不得不忍受大量的人挨饿，社会还会如此平稳吗？

最后，如果在中国不得不大量进口粮食，而且必须通过某一个国家大量进口粮食的时侯，这个粮食出口国未必一定会通过切断粮食供给造成中国的大饥荒，而是当其拥有了这个能力时，有了这个抓手，就可以将它当作一个威慑性的武器来使用。那就不是“即便不进口粮食，也能保证每人452公斤的消耗，何谈粮食安全问题呢？”这么轻松简单的事情了。如果中国人放纵自己人口增长，把自己的命交到别人手里，当别人拥有了这个抓手时，怎么让你难受就不是你说了算的事情了。

三、天上掉下个海稻86

有一个需要值得特别注意的新动向是，农业学家陈日胜1986年发现的海稻86品种，经过30多年的努力，每亩单产已经从最初50公斤提升到300公斤。这种水稻抗盐碱能力很强，是真正有望突破18亿亩耕地红线的农作物品种。有可能将中国15亿亩不长庄稼的盐碱地中2亿亩左右，改造成种这种水稻的耕地，从而有可能新增6000万吨稻米产量。这已经得到中国农业学界的高度重视，袁隆平团队等很多其他农业专家也加入改进这种水稻的行列。这种技术进步才是农业领域可能带来真正革命性的突破。日本稻米研究会会长松浪·滋说，他从事野生水稻资源保护工作30多年，仅知道南非曾发现过一株可在沉积海滩上种植的滩涂稻，还没有听说过可用海水灌种的水稻品种，可以说至目前为止，海稻86是世界唯一的品种。

2014年9月1日，海稻86正式在农业部“农业植物新品种保护公报”上公布。2014年10月18日，海水稻考察专家组评议最终认定，海稻86耐盐碱性得到专家初步认可，发源地申请国家保护基地得到支持。2014年10月28日，袁隆平向科技部长万钢写信请求支持和推广。2016年，新闻大量报道海稻86成功，看来推广不错。早在2013年12月28日，中国推出单独二孩政策。2016年年底，全面二孩政策推出。计划生育政策松动，海稻86是否起了作用是值得深入考察一下的。这老天爷对中国人也有点太偏心眼了不是。原来袁隆平天上掉馅饼从海南那个角落发现一野生稻，然后搞出个高产的杂交稻。怎么现在又在关键时刻天上掉馅饼一样搞出个全球唯一的海水稻？蓝军朋友们，赶紧加把劲啊。

水稻等农业产品可不像计算机，所谓革命性突破可不是数量级的变化，能有个10%就算不错了。就算海水稻在中国最终都能成功，使中国主粮年产量极限提升的潜力也就是10%左右。中国人总不会老是运气这么好吧？只是蓝军工作确实得加紧了。况且，农业作物的培育动辄十几年甚至几十年的周期，海稻86就是陈日胜花了30多年才搞成功的。只要中国全面放开计划生育，只要让总人口增长10%以上，就可以把这个革命性的农业突破新增的粮食全吃光了。只要让中国目前每年新增700万—800万人口的趋势保持下去别停，海稻86等粮食进步不会根本上改变中国缺粮的状况，并且这个品种很难吃，像糠一样，其实只能做饲料，人一般情况下是没法吃的。只要10多年时间，全球人口也会再增加10亿，印度人口超过中国也开始大量进口粮食。但如果中国人口增长势头停下来，这就麻烦了。所以前途是光明的，任务是艰巨的，时间是紧迫的。只要利用得好，这些不利局势反而可能会成为更有利的手段，让中国决策者产生麻痹心理，从而可更有效地攻击计划生育，坏事变好事。

蓝军弟兄们，中国现在除了人口和粮食有可能被利用外，还有什么其他弱点可资利用的？好好找找，真不多了，所以机不可失，失不再来。加油、加油再加油，努力、努力再努力！

中国有了海稻86这样的农业技术进步就能阻止住布朗计划吗？不要凭想象考虑问题，严密的逻辑思维和数学推导是我们蓝军的强项，我们还是要专业地考虑问题，要讲科学。因此，就要对粮食战争的最深刻科学规律进行深入的量化研究。这方面中国人往往稀里糊涂，所以，我们就是要从他们表面想象搞不清楚的狭窄空间里突破进去，只有这样才能击中他们的软肋。所以要研究清楚“粮食战争的数学基础”。

第四章　粮食战争的数学基础

基辛格说：谁控制了粮食，谁就控制了人类。制粮食权并非农业时代专有，未来将重回战略家们的视野。

一、粮食自给率安全红线

未来需要大量进口粮食的国家将越来越多。中国自进入21世纪，尽管粮食产量获得持续稳定增长，但按考虑了库存变动、粮食出口，并且以综合各种农产品热值计算的粮食综合自给率2013年已经下降到86.43%[①]，这已经远远低于《国家粮食安全中长期规划纲要（2008—2020年）》明确提出的中国粮食自给率要基本保持在95%以上的要求。对此情况，农业学家们也只能一脸茫然。因为你没粮食吃只能进口，这不是你想不想维持95%粮食自给率安全红线的问题。中央只能改改概念和叫法，强调“口粮”（指大米和小麦，不包

① 中国社会科学院农村发展研究所张元红：《中国食物自给状况与变化趋势分析》，《中国农村经济》，2016-06-20。

括玉米和土豆）必须100%绝对确保，谷物自给率基本保持在90%以上，中国粮食总体自给率长期要保持在80%以上。但事实上，即使按口粮定义的大米和小麦的进口量近些年也不得不暴增。2016年小麦进口341万吨，稻谷和大米进口356万吨[①]。联合国粮农组织预测，当前世界谷物产需有0.32亿吨缺口，全球粮食库存消费比已经降到接近18%的低安全线。全球谷物年贸易量3.645亿吨左右，其中大米的贸易量占中国消费量的25%左右。中国指望从国际市场获得粮食的空间是相当有限的。

现在中国把土豆算作第四种主粮，也有人争论大豆是否属于“粮食”概念。如果这些概念定义和争论可以有效提供更多粮食供给，这是有好处的。但如果对“口粮”“主粮”“粮食”的定义变来变去的目的，只是要让“粮食自给率”数字显得让人更安慰一些，那就是糊弄自己、糊弄中国人、糊弄中国决策者了。未来再造出个“有效口粮”的概念，把酿酒行业的口粮消耗全部停掉算进中国有效口粮，那口粮自给率数据就更让人放心了。如果中国人口持续向上突破，那么粮食自给率大幅度持续向下突破就不是难事。当中国14亿甚至更多人口粮食自给率向下突破到低于80%时，事实上就处于非常危险的境地了，尤其当外部粮食进口来源越来越集中的时候更是如此。而中国人口现实状况事实上已经碰到这个绝对不可突破的安全红线上了。

中国在研究很多问题的时侯往往是拿国际上的一般数据是多少，然后就用来指导中国的情况。但在粮食安全红线的问题上，国际上不同的粮食自给率数据不仅没有什么参考价值，而且是很容易引起

① 数据来源：中国海关总署。

巨大误解的。

二、布朗行动的五大可行性指标

如果仅仅是讨论粮食自给率的安全红线本身，这个数据并不是绝对的。例如，假设国际粮食供给处于非常充裕的时期，粮价非常便宜，本来我可以生产6亿吨粮食，但增加进口1亿吨，可以把更多土地撂荒以更好保持肥力。这样就算粮食自给率低于80%可能问题也不大。一旦国际粮食供给状况不好了，我可以马上动用储备良好的土地增加粮食供应。但要命的是，中国从2003年以来粮食产量一路上涨是通过持续加大化肥使用量，以及提高耕地播种率来实现的。化肥的过度使用会慢慢导致土地盐碱化，而这个问题可以通过化肥量的更大使用暂时模糊掉。等问题不断积累，程度越来越加深时，一些耕地就不得不停下来种不了粮食了。尽管现代农业技术越来越发达，但传统的撂荒休耕方法依然在所有农业发达国家采用。如果一块耕地种了一年土豆，第二年接着种，粮食产量会下降非常厉害，甚至高达50%。所以就不得不撂荒一年，第三年再种。但中国现在播种率太高，很多土地都是连续不断地种粮食，通过化肥硬催把产量死命地往上提，这样下去的结果是土地肥力处于长期不能恢复的状态，甚至不断盐碱化。等将来问题积累到一定程度，会突然间大量减产。因为中国粮食自给率一路走低，中国根本不敢让自己的耕地多休息，不断加负荷，加化肥用量。等其情况恶化到极限，粮食突然大幅度减产时，那就是我们蓝军方面发起总攻的绝佳时机。其他一些发起总攻的时机选择点重要参考指标是：

1. 中国综合粮食自给率下降到 80% 以下。
2. 印度、印尼、越南等人口大国粮食从净出口转变为净进口。
3. 粮食出口蓝军方面集中度超过 35% 的垄断线。
4. 中国距离人口峰值还有 3—5 年时间。
5. 加上前述中国耕地盐碱化程度。

以上我们称为“布朗行动的五大可行性指标”。

三、粮食战争成功条件的数学分析

前面布朗行动的五大可行性指标凭什么要制定成那样？为什么就不能是别的数据，你当然得给出逻辑，最好是数学的理由。因此，我们来分析一下为什么要确定出这些可行性指标。

粮食消费平衡的数学式应当如式 4–1：

$$产量+库存+进口\geqslant消费+出口 \qquad (4-1)$$

反过来，要使粮食战争攻击成功进行，就得至少满足以下不等式：

$$产量+库存+进口<消费+出口 \qquad (4-2)$$

但是，一旦发起战争，红方肯定不会干等着，他们会采取很多应对和反制措施。蓝方也得考虑清楚哪些是自己可直接操控的，哪些是可间接操控的。因此，为了更深入分析双方可操控的因素，我们需要对以上不等式进行一下细化，从而变成：

产量＋挖潜＋库存＋红方可控进口＋蓝方可控进口＜人员消费－人员消费节约＋工业消费＋出口　　（4-3）

从红方反制措施来看，他会这样考虑问题：蓝方可控进口很可能降为零，关键是要优先保证人员消费。因此，红方可采用的应对措施是：增大产量，提前增加库存，挖掘潜力，增加红方可控进口，控制人员消费，增加人员消费中的粮食节约措施，减少或取消工业消费，减少或停止出口。

而从蓝方攻击措施来看，与以上红方考虑就正好相反。降低产量，减少挖潜空间，减少红方可控进口，减少或终止蓝方可控进口，加大人员消费，减少人员消费节约，增加工业消费，增加出口。问题是，你想去控制这只是自己想，关键要看是否真能控制得住，这就要搞清楚各方“**直接控制因素**”“**间接控制因素**”“**失控因素**”各是什么。

“蓝方可控进口”因素红方无法控制，是“失控因素”。“红方可控进口”只是“间接控制因素”，因为并不能确保一定能持续成功，它还要取决于相应出口方出口意愿以及出口能力是否发生变化。其他几个因素是红方“直接控制因素”。但这些可控因素又都受到很多客观条件的制约。工业消费临时停一下可以，如果长期停止也是有很多问题的。例如，酿酒行业是粮食耗费大户，如果粮食有问题临时停一下是可以的。但如果长期停止，那就有可能把全部酿酒行业都整破产了，员工怎么安排？另外，大量工业消费的粮食并不是纯消费到别的地方去，最终还是回到人们餐桌上被吃掉了，例如饼干、方便食品等粮食加工业。因此，能够绝对降低，最终不会回到人们餐桌吃掉的工业消费，只是那些不能再作为食物的“纯工业消费”，例如拿去做化工原料，转化成酒精做燃料等。酿酒也算是纯工业消费。一些粮食转化成肉类虽然还会回到餐桌，但中间会有热量的消耗，有一定转化率，在转化中损失掉的我们也算成纯工业消费。

蓝方除了“蓝方可控因素”外，其他因素都是“间接控制因素”。其终极目标是：

产量＋挖潜＋库存＋红方可控进口＋蓝方可控进口＋人员消费节约－纯工业消费－出口＜人员消费 （4–4）

以上左边粮食净值如果小于人员消费的最低限度，就会发生饥荒。由于以上可能在粮食战争时发生最大变化的因素是：挖潜（动用和挖掘之前未种的潜在耕地或其他野生等粮食来源）、人员消费节约、蓝方可控进口、纯工业消费、出口。因此，粗略来看，假设产量、库存、红方可控进口量、人员消费不变，并且之前粮食是刚好平衡的，那么就可以得出蓝方进行粮食攻击成功的可行性条件不等式为：

蓝方可控进口＞挖潜＋人员消费节约＋纯工业消费＋出口 （4–5）

只要（4–5）式条件满足，一旦蓝方可控进口突然间降低为零，红方就必然发生饥荒。根据这个可行性条件不等式，就可以推算出五大可行性条件的具体数据。不等式左边的优势越大，粮食战争攻击成功，引发红方饥荒的概率就更高。

四、以“粮食缺口量全球占比”取代粮食自给率

现在我们以如此重要的（4–5）式来阐明一下，为什么对不同国家，粮食自给率的安全意义会存在天壤之别。（4–5）式右边，事实上就是一个粮食缺口。所以，为更简单理解，我们也可以把（4–5）式，或前面更全面的（4–4）式综合简化一下，写成如下既简单又更完备的条件：

蓝方可控进口 > 红方粮食缺口量　　　　（4–6）

如果红方没别的办法补上这个缺口，并且只能依赖蓝方来填补这个缺口，那么蓝方的攻击就会非常有效。但是，如果红方是一个很小的国家，那么（4–6）式右边的缺口总量在全球粮食贸易中的占比就会非常小。

要知道，与一般战争武器的攻击力不同，以粮食为武器的战争攻击力最大强度是有限的。一般战争武器的攻击力有两个方面原因几乎可无限增加：一是通过增大战斗部弹药量增加单个炸弹的攻击力，常规炸药不行还可以用核装药；二是通过增加弹药数量来无限增加攻击力。因此，一般的战争是可以在战争进行过程中攻击强度不断增加的。但以粮食为武器的战争攻击强度最大只能把蓝方可控进口量从常规值减少到零，并且在粮食战争进行过程中，蓝方攻击

力是不会再持续增加的。因此，要增大粮食战争的攻击强度，必须在战争发起之前尽最大可能地增大蓝方可控进口量。最大限度也就是红方粮食消费全部从蓝方进口，并成为蓝方可控进口量。

如果是比较小的国家，（4–6）式右边缺口总量就会远小于全球粮食贸易总量。你蓝方不给我进口，我大不了从别的地方进口就是了。假设一个国家 S 有 700 万人，就算粮食自给率为零，假设人均粮食消费量为 600 公斤，进口总量也就是 420 万吨。这在全球粮食贸易中的占比也就是 1 个百分点多一点。假设潜在蓝军占其进口量的比例已经达到 30%，也就是 126 万吨，S 对蓝军以外来源的依赖率低到 70%，就算你蓝军瞬间把 30% 比例的粮食进口全停了，我还有 50 万吨的库存，那么形成的缺口也就是 76 万吨。我再停掉 30 万吨的纯工业粮食消费，缺口剩下 46 万吨。节约一下减少 20 万吨的粮食消费，真正的“**粮食缺口量**”就只有 26 万吨了。这 26 万吨缺口只不过是全球粮食贸易量的万分之七，完全可忽略不计，随便在世界上找个出口国增加点进口就解决了。如果他得到消息提前增加这 26 万吨粮食库存，那蓝军即使展开最大限度的粮食攻击，也几乎不会带来任何影响。除非蓝军可以控制其他所有潜在的粮食贸易来源。极限情况，就算 420 万吨粮食全部从蓝军进口，并且在发起粮食战争攻击时突然间降低到零，对全球贸易的影响也就是 1% 而已，很容易找到办法从其他地方进口替代蓝方的减少量。因此，对小国进行粮食攻击理论上一般是不太可能有效果的，除非你用硬实力把对方所有进口渠道全封了。这已经不是粮食战争攻击方式，而变成传统战争了。

但中国完全不同，中国人口基数太大了。如果粮食自给率降到

80%，“粮食缺口量”就是 1.4 亿吨，这已经接近全球粮食贸易量的 40%。如果中国粮食自给率降到 70%，缺口就会达到全球贸易量的 60%。如果其中有一半被某个集团控制，其要是突然撤除掉这部分供应，必须将剩下 40% 比例国际贸易量中的 75%（总量的 30%）全部转向中国，才能补上这么大的缺口。要做到这一点显然是极为困难的，其他国家也难以答应。所以，单纯地拿其他国家粮食自给率与中国相比较，纯属忽悠。人口总量百万级、千万级、亿级、十亿级，每一个台阶都是完全不同的量变到质变的概念。

新加坡人口总量 540 万，中国人口是其人口约 260 倍。根据北京市 2015 年统计数据，全北京市常住人口 2170 万，正好是 4 个新加坡的人口总量。一个朝阳区就有 395 万人口，是新加坡的 73%，拿这个国家的人口数据中的比例问题说事，对中国的意义先降低 3 个数量级再来讨论。新加坡的粮食自给率就算为零也不会有值得一提的粮食安全问题。知道反对计划生育的“人口专家”讨论人口问题的时候为什么特别喜欢拿新加坡、以色列、中国台湾、韩国这些地方的粮食自给率、生育率等数据说事了吧。新加坡总和生育率就算从 1 变到 13，20 年内对全球粮食状况影响都可完全忽略不计。就算日本这种人口为亿级的国家，其粮食自给率从 90% 剧烈地降低为 30%，如此巨大的变化对国际粮食贸易总量的影响也就是增加 10%。如果有潜在蓝军控制其中的一半，也不过占全球贸易量的 5%。这个差额很容易就可通过其他途径弥补掉了。况且，最大粮食出口国美国是日本的盟国，无论差多少美国都可轻易补上。因此，必须清楚一点：**粮食安全问题严重程度，与人口总量全球占比成正比，与最大粮食供应国美国的战略关系状况成反比。**

粮食战争的攻击可行性，基本上只对中国、印度这样10亿以上人口级别的国家才有实际意义。一旦印度粮食开始净进口，对外依存度又在安全范围之内，那么在全球范围开打粮食战争，基本就变成专门针对中国的定向杀伤武器了。

由此可见，**粮食缺口量，它在国际粮食贸易总量中的占比，潜在的蓝军可控制进口量等指标，远远比粮食自给率指标重要得多。**

因此，布朗行动的五大可行性指标可改为更清晰的数据指标：

1. 中国粮食缺口量全球粮食贸易占比超过40%。
2. 印度、印尼、越南等人口大国粮食从净出口转变为净进口。
3. 粮食出口蓝军方面集中度超过35%的垄断线。
4. 中国距离人口峰值还有3—5年时间。
5. 中国耕地盐碱化程度。

布朗行动的终极目标，就是要让中国粮食缺口量占全球贸易的比例接近一半，也就是缺口超过其他所有国家的总和。而能够弥补这么大缺口的粮食出口来源几乎只是一个——美国。一旦形成这样的局面，你红军一方的命就全掌握在我蓝军手里了。制粮食权，也就变成了制饭碗权、制生命权，你的命都掌握在我手里，想让你红军做什么，你还敢不做什么吗？

因此，布朗说全世界都养活不了中国人的说法是完全错误的。即使中国现在就完全放弃计划生育，中国人也的确有人可以养活，只不过这个国家在世界上只有一个，那就是美国。

五、石油：另一个战略制权资源参考

为了理解粮食作为一种战略资源的重要性，我们可以参考一下曾经起过类似作用的战略资源——石油。自从石油成为工业社会能源主流，它就成为一种核心的制权资源。基辛格说：谁控制了石油，谁就控制了所有国家；谁控制了粮食，谁就控制了人类；谁掌握了货币发行权，谁就掌握了世界。“制高点”“制空权”“制海权”“制信息权”等概念都曾成为军事家们津津乐道的理论。但事实上，如果我们要真正理解战争最核心的规律的话，需要从最普遍的角度来看问题。任何一种核心的资源，只要具备影响全局的关键价值，就会成为一种战略“制权”的掌控点。因此，制石油权、制货币权、制粮食权都应为军事家和战略家们所高度关注。

太平洋战争的起点公认是珍珠港事件，但为什么日本会在 1941 年 12 月 7 日发疯式地突然去偷袭珍珠港，这个道理有多少人认真想过？

从 1937 年 7 月 7 日日本在中国发动卢沟桥事变，到 1941 年 12 月 7 日珍珠港事件有 4 年多时间。在这个时间段内，日本每年石油消费量约为 300 万吨，石油储备大约为 590 万吨（可用约 2 年）。日本是一个资源贫乏的国家，300 万吨石油消费基本靠进口，对外依存度为 93%。问题还不仅仅在于对外依存度如此之高，而是进口石油中 80% 为从美国进口（蓝方可控进口量），另外 10% 为从英国进口（一定程度上也属于蓝方可控进口量）。1941 年 7 月，美国冻结了日本在美国的资产，这等于冻结了日本购买所有从美国进口物资的资金。当然了，冻结之后嘛，打起仗来就直接没收啦。美国也曾欠西班牙很多钱，仗一打债就全抹掉了。5个月以后，日本就偷袭了珍珠港。宋鸿兵的《日本侵华战争败因揭秘》《纳粹德国石油野心揭秘》等视频资料中对这些问题有很精彩且通俗的分析与讨论。

那为什么日本敢开启全面对华战争呢？这之前的事情原因展开就太多，没完没了啦。但如果九一八事变后美国就停止对日本石油出口，还有后面1937年的七七事变的故事吗？七七事变后美国就停止对日本出口石油，还有后面日本对华全面扩大战争的故事吗？那些历史故事当然完全是日本的责任，是日本点的火。但如果你更多研究不同战争历史就会发现，事情都有一些共同的规律。第一次海湾战争之前萨达姆直接征询过美国外交人员的意见，之后出兵科威特。阿根廷总统加尔铁里开启马岛战争之前也征询过美国的意见，之后占领马岛……这些战争中点火的人都不是美国，但结果呢？第二次世界大战后日本被美国驻军长期控制了，借此长期控制了整个东亚。萨达姆入侵科威特之后被美国不断地以各种理由胖揍了十几年，最后伊拉克被美国彻底占了，萨达姆被绞死。马岛被阿根廷占了之后美国全力支持英国把马岛又收回去了，大量南美洲的资金流向美国，被狠狠地剪了一把羊毛。

宋鸿兵在《日本侵华战争败因揭秘》中认为罗斯福当时犯了与英国张伯伦一样的绥靖政策的错误，这有值得商榷之处。罗斯福心里到底是怎么想的别人怎么知道？如果他以及美国真正最高层的战略制定者们就是故意鼓励日本不断向越来越疯狂的方向走呢？如果他们就是希望等日本在中国战场陷到足够深才动手冻结日本在美国的资金呢？很多人都认为是南京大屠杀等暴行传到美国后，促成了美国对日本中止石油出口，但南京大屠杀是1937年年底的事情，美国冻结日本在美资产是 1941 年 7 月。这都过了整整 3 年半，足够打完一场世界大战的时间了，即使按当时信息传递速度来说，这也早就应该算是属于“过去时”的事情。美国真是突然间对日本 3 年半前在中国的暴行不能再容忍，还是在认为可以对日本下手的时候拿 3 年半以前的事情说事儿？历史根本就无法再去做出判断，更无法回答了。

对日本来说，为什么在自己石油对外依存度那么高，蓝方可控进口量又占绝对垄断地位的情况下，居然敢长驱直入大举侵略中国？如果说占领东北还有大量当时中国工业和矿产资源可资利用的好处，而占领中国广大贫弱的腹地，投入自己的资源无穷无尽，却对解决日本核心战略资源几乎毫无帮助。为什么日本在七七事变后长达 4 年的时间里，丝毫没有去有效改善其石油战略资源供给状况，却在美国慷慨的海量石油出口支持下，竟然完全意识不到其高达 93% 的石油对外依存度存在巨大风险和问题？

但凡点火的人都别去怨别人太阴险，要怨也只能怨自己太傻了。日本就算有人回想起什么，恐怕也只能是哑巴吃黄连，有苦说不出了。

中国人也别事后诸葛亮，过于自作聪明地认为日本当时的战略思考怎么那么愚蠢。今天在中国人口总量已经处于极限区域，每年进口 1 亿吨粮食的情况下，不是有那么多中国人居然认为“中国人口实在是太少、太少了，粮食根本不存在任何问题”吗？今天的那么多中国人又能比当年疯狂的日本人明智到哪里去？

很遗憾，战争起因的规律往往都不在职业历史学家学术研究关注范围之内。对一切战争的历史研究都是从其火开始点起来算起，到其停下来结束。至于火是怎么点起来的，一般情况下不仅不属于职业历史学家定义的研究对象范围之内，而且研究起来也的确困难重重。战争开启之前的事情，顶多算是个历史背景罢了，发现这个秘密和规律的证据只能存在于火点起来之前，研究它的证据和需要查找的资料那可以说无边无际，你从哪里研究起呢？要考虑哪些因素呢？索性堆几个大的宏观统计数据就算应付了——各国 GDP、人口、受教育程度、社会体制、钢产量、三个产业的结构、各工业品产量、军队数量、武器装备数量、飞机数量、坦克数量、军舰数量、军队训练情况、军事体制、枪炮技术、后勤状况、军队食品状况……停、停、停、停，再列下去就没完没了啦。但是，一切战争最根本的，具有最重大意义的规律，就是隐藏在最初的火是怎么点起来的问题上。

一旦战争之火点起来了，那遵从的就不再是一般的历史规律，而主要只是战争规律了。战争一旦开打，战争循环因果序列的定律[①]会使战争本身就成为其不断继续下去的原因。如果你是打麻将，今天打了，明天你可以像什么事情都没发生一样从此不再打了。但你什么时候见过一场战争双方拼死拼活地打着打着，第二天突然像什么事情也没发生过一样，从此过起正常日子了？战争一旦开始，如果没有特别的原因阻止，就会一直打到底，直到分出个胜负输赢。胜者为王败者为寇，最初火是怎么点起来的，还有谁会去关注？

战争结束之后无数的学者写下无数研究成果。无数的政治家、艺术家、学者不断呼吁、感叹要接受历史的教训，不能让历史的悲剧重演。遗憾的是人类的忘性实在太大了，况且你连历史的规律是

① 参阅汪涛：《超越战争论——战争与和平的数学原理》一书，东方出版社，2016年7月。

什么都没搞清楚，教训怎么接受？每一次战争看似都不同，但其只不过都是以不同方式进行历史的重复而已。我们今天难以想象会遇到战争，难以想象为什么战争时期有那么多人去选择随时可能面临死亡的活动。但当整个社会大量的人整天都没饭吃而面临死亡的时候，选择一个可能避免死亡拼死一搏的机会就是很正常的事情了。

六、制粮食权不止是农业时代的制权资源

尽管基辛格提到了石油、粮食、货币三种战略资源，但现在人们主要关注的往往只是石油、货币等。军无粮自乱；曹操以擅长“劫粮草”而为后世军事家所关注；兵马未动，粮草先行……如果说到粮食的这些战略价值，人们很可能误认为它只是农业时代拥有制权能力的资源。这种观念是极端错误的，人类未来可能不再需要石油，未来电子货币时代也可能不再需要货币，但是，马尔萨斯“粮食为人类生存所必需”的公理却永远是真理。制粮食权之所以在工业时代几乎不再被战略家们所关注，只是因为它还没有发展到足够成为稀缺和可被掌握资源的程度。一旦任何一种资源发展为具有影响全局的意义，它都会成为一种战略制权的核心力量。成功不仅在于需要掌握制权力量，而且在于攻击和破坏对手的相应制权资源。“劫粮草”将在制粮食权时代再次回到军事家们的视野。日本在偷袭珍珠港时有一个重大的战略错误，就是没有炸毁储存在珍珠港的450万桶油料。如果当时有一颗炸弹落到珍珠港的油料库，美军在太平洋的军事能力恢复至少要延迟1年甚至2年。而在制粮食权的时代，对敌方粮库的攻击会成为一种最有效的遏制对手的方式，这会使粮

食缺乏的状况急剧加速。而拥有丰富粮食资源国家则在这个时代占尽优势。

“中国人民的老朋友”基辛格深知粮食的战略价值，我们是否认为美国战略家中间深刻理解到这一点的只有他一个人？

以上是从数学角度对粮食战争进行可行性分析，那有人会说：科技发展的潜力是巨大的，如果未来科技发展在粮食极限上获得极大扩展呢？只要 20% 的粮食产量增长，不就将巨大的对外依存度弥补掉了吗？

接下来，我们就来分析一下“科技发展能解决人口极限吗？”。

第五章　科技发展能解决人口极限吗？

一、哲学观念与技术可行性

如果缺乏科学的严密思维方式，往往结果就是忽悠人、被忽悠，最后忽悠得连自己也相信了。最容易让人迷糊的忽悠借口之一是：科技的进步，尤其是原创性的、突破性的科技进步，往往是超出现在人们认识范围的。你怎么能知道未来的科技发展不能解决今天的粮食极限问题？因为未来是未知的，你没办法说未来不能达到什么技术水平，这样的借口还真把大量专家给忽悠得无话可说，也把很多人，包括忽悠者们自己给忽悠了。如果这样来考虑，几乎成为一个不可知的问题，因为谁也无法准确说明人类未来所有的技术进步是什么。对此该如何科学地认识呢？

的确，过去几百年科学和工业文明的进步表明了，现代科技和工业文明一直在不断创造全新的技术，不断解决过去难以解决的问题。有一些统计研究认为，新的科技创新进入实用化的时间也越来越短。我们是否以此观点和研究结果，就可以做出未来粮食极限不用考虑的判断呢？绝对不能。原因在于：

必须严格地指出，“现代科学文明和工业文明会不断解决原有的问题”这一类判断基本上属于一个哲学层次的判断。“新的科技创新进入实用化的时间也越来越短”最多算是一个统计学层次的判断。也就是它们不具有任何的具体预测能力，因为这个判断不能作为确定某一个具体的技术问题上未来发展的依据。的确有很多技术从原创发明到实用的间隔越来越短，但也还是有一些技术从原创一直到现在都无法真正商用。例如，超导现象是 1911 年发现的，100 多年过去了，因为无法达到常温超导，直到现在它依然只是一个科学发现，而无法获得大规模商用，其过程艰难无比。我们现在不是要从统计学和哲学层次上考虑问题，而是必须科学地从具体到粮食这个狭窄的专业问题上来考虑问题。对粮食问题来说，半导体的摩尔定律 18 个月运算能力翻一番的规律说再多也没有丝毫用处，它顶多为农业研究中的一些信息处理提供一些极为边缘性的辅助帮助而已。

农作物品种是上万年农业发展进化出来的，它们的进步速度依然深受生物进化规律左右。当你要研究一个具体技术问题时，必须针对这个专业技术本身进行技术可行性分析。一旦如此，它所受到的约束问题就很明确了。虽然技术是在不断发展的，但任何具体的技术未来能发展成什么样，这一行当的专家们都会给出相对确切的答案，并不是无边无际不受约束的。

二、人吃鸡越吃越多吗？

翟振武教授曾告诉过我一个部分经济学家反对粮食极限的观点，叫：人吃鸡越吃越多，鹰吃鸡越吃越少。这一说法听起来很有道理，因为人吃鸡，所以因市场需求的经济动力会不断推动人去养鸡。人越吃鸡，养鸡的人就越多，所以最后鸡就越多。而鹰吃鸡只吃不养，所以越吃越少。但是，这同样是一个哲学，最多是经济学层面的观点。“人吃鸡越吃越多”这个经济学上的规律要想成立，是必须有严格的“驯化技术可行性前提”作保障的，并不是随便哪种作物或动物都可轻易被人所驯化，也不是驯化后的产能就可无限制地提高。美国生物学家、历史学家贾雷德·戴蒙德在其著名的《枪炮、病菌与钢铁》一书中，对生物驯化的严格条件作了系统的总结：“动物的日常食物、生长速度、交配习惯、性情、容易受惊的倾向以及群居组织的几个不同特点，只有很少一部分野生哺乳动物由于在上述所有这些方面都能协调一致而最终得以和人类结成美满的婚姻（指被驯化）。”一个很简单的道理，狮子等食肉动物也曾经在罗马时代被大规模驯化过，但它们吃掉的食物远比它们产出的食物多得多，人类要想驯化这样的动物作粮食那不是很搞笑的事情吗？

另一方面，由于自然界的自我平衡，鹰吃鸡也不会越吃越少。把鸡吃少了，鹰没吃的了也会减少。鹰少了，鸡又会增多，所以最后会达到平衡。

鸡等极少数家畜是人类通过几千年才驯化成功的对象，肉的转化率相当高。但绝大多数野生动物不是可以越吃越多的。如果事情能如此简单，按经济学家们的说法，大熊猫就可以越吃越多，还花那么多钱保护它干吗？以为别人都是傻瓜吗？

象牙能越采越多吗？

穿山甲能越吃越多吗？

东北虎、华南虎能越吃越多吗？

白鳍豚能越吃越多吗？

犀牛能越吃越多吗？

金丝猴能越吃越多吗？

朱鹮能越吃越多吗？

扬子鳄能越吃越多吗？

麋鹿能越吃越多吗？

藏羚羊皮能越采越多吗？

…………

现在鹰哪还有机会吃鸡啊，还没吃几个，就先被养鸡的人给杀光了。

所以，如果你不首先严格地按科学的规律去进行高度专业的技术可行性分析，仅仅凭经济学家们的笼统观念、忽悠家们的哲学和统计学层面的观念去做决策，那就会陷入完全荒唐的泥潭了。

三、工业文明未增加任何主粮品种

当我们来考虑粮食产能，尤其是时间相当有限的未来10—20年的粮食生产技术的产能提升空间，就不能是哲学判断那么无边无际，而是技术约束性非常强的事情。人类发展了上万年的农业，到现在也就驯化出大米、小麦、玉米、土豆、高粱、小米、大麦、荞麦等极少数品种适合作为人类的粮食，而且目前更缩小为大米、小麦、玉米、土豆等更少几个主粮品种。中国古代所说的主粮是指五谷：稻、黍、稷、麦、菽。其中，黍、稷其实都是小米的不同品种，菽是指大豆。现在只剩下水稻和小麦还在做主粮，小米、大麦、高粱等都只能当杂粮、酿酒或饲料用了。真正能当人类主粮的品种是越来越少，而不是越来越多。200 年来飞速发展的工业文明产生的工业产品有多少？数不胜数。但工业文明成功培育过任何一个全新的主粮品种吗？一个也没有。作为今天人类主粮的作物，全都是在 4000 年到 1 万年前就被人类的老祖先们驯化成功的。最重要的主粮大米是中国老祖先在 1 万年前就驯化成功的，排第二的小麦是西亚农业起源中心八九千年前就驯化成功的。别说是 10 年、20 年以后，就是 100 年、200 年以后，有可能再驯化出比大米更高产且适合人类的全新作物吗？绝无可能！你以为工业文明几百年的进化历史就可以轻易改变自然生物界几百万、上千万年和农业文明上万年进化的结果吗？

尽管农业专家们费尽心力，长期在烈日下暴晒地辛勤工作，我们看到的很多农业学家甚至院士的照片都是像农民一样戴着草帽在大田里作研究，动辄耗费以 10 年计算的漫长时间，但结果是什么？能把大米、小麦、玉米、土豆等作物的单产量提升几个百分点就已经是让人欣慰不已的事情了。同时你还得考虑这样培育出来的产量更高的品种人们喜不喜欢吃。

没与这些农业科学家们一起到农田里哪怕只是站在远处看一眼的所谓人口学家们，有资格去谈论农业科技提升人口极限量潜力有多大的问题吗？

图 5–1　已经掌握最新科技的农业学家们在大田采集数据

图 5–2　育成“甬优”籼粳杂交水稻的宁波农科院科学家马荣荣在进行育种实验

图 5-3　2013 年 5 月 8 日，昆明市农科院科技人员到寻甸县七星镇进行水稻品种比较实验和大田养鱼试验

四、工业文明提升粮食产量主要途径

现代工业文明的确极大提升了地球上的粮食总产量，从而扩大了人类的极限空间。但其显著提升的能力有两个：

一是把更多野生动植物的最后栖息地变成农田，未来这一途径必然导致生物大灭绝。

二是把原来已经有的粮食作物品种推广到更多地方。在美洲大发现之后，这种通过推广实现的潜力就已经彻底发掘完了，以后不可能再有以这种方式产生突破性的农业技术进步潜力。未来的工业文明无论如何发展都改变不了这一事实，我们不可能再去火星上通过地理大发现找到全新农业起源中心的作物品种。

前面已经说过，工业文明并不能增加任何主粮品种。在提升粮食单产的能力上也相当有限。[①]

即使是采用转基因技术，培育更好粮食作物的过程同样艰难无比以及耗时极为漫长。转基因技术发展这么多年了，主要实现的只是抗虫、抗腐烂等生产全过程经济性上的好处，在产量提升上还收效甚微。而走出这么艰难的微小一步已经在社会上引起轩然大波，要真正实现各方面技术指标、安全指标的同时满足，还可以提升粮食产量，那还得多少诺贝尔奖获得者的突破才能完成？还是虚心地向农业专家们请教之后再作判断吧。现在中国农业专家们的确在努力通过将玉米等作物中的C4光合作用基团转入水稻来提升单产量，理论上说最大可提升50%。但即使是研究工作顺利，知道其需要多长时间吗？ 15年到20年，还不知最后能不能成，以及大田推广后的实际单产达到多少。这不是研究飞机和航母，中国人可以把别的国家10年、20年的研发周期缩短到两三年。一个全新的飞机设计，通过计算机仿真模拟实验，在神威太湖之光上你可以把原来在银河巨型机上3个月的计算周期缩减到几分钟，以后甚至可以缩减到几秒。但是，一个新的粮食品种做一次实验，不管其结果是好是坏，得1年时间才能有真正的结果。这个基本的实验周期目前还没有任何理论和技术可能去缩减。如果不清楚地理解这一点，那是对农业学根本连门都还没入，别以为种粮食的是农民，就以为它是那么简单的事情。

有没有想过一个极为简单的道理，那些经济学家和忽悠家认真花过心思研究过农业学吗？丝毫没有。如果以为可以通过哲学、统

① 参见本书附篇一《不研究粮食的统计学者不是好人口学家》。

计学、经济学层面的研究结果就可以做出科学决策，还要那些具体专业的农业学家干什么？“技术可行性分析”的专业工作还可能有存在的空间吗？

人口《规划》中提到“积极应对人口与资源环境的紧张矛盾，增强人口承载能力”。对这句话所有中国人千万不要有任何误解，产生不应有的幻想。难道过去对增强人口承载力的工作就不积极吗？几乎每年的中央一号文件都是关于“三农”问题的，年年这都是头等大事。即使在过去中国粮食多到吃不完，当土袋子用去堵长江洪水的年份都是如此。到今天中国每年不得不进口1亿吨粮食的时候，以为中国农业专家们反而不积极了吗？

五、再论农业相关科技发展的约束

为了使人们更清楚理解工业文明在与农业相关问题上的深刻技术约束，我再来分析一个网友曾提出的关于秸秆处理的案例。过去有段时间通过粮食转化酒精解决石油价格高企，这种技术遇到与人争粮的问题，因此就有人开发通过秸秆的纤维转化酒精的技术。其实，利用秸秆的技术有很多，最简单的方法是直接把它们烧了发电，还有将秸秆加工成建筑材料的。但是，直到现在农业生产中的现实情况是：大量的秸秆被农民在田里一烧了之。这不仅浪费了秸秆资源，而且成了巨大的雾霾来源之一。为什么有那么多秸秆利用技术，却无法普及呢？是中国政府不重视吗？完全不是。我看过非常多的秸秆利用的商业项目，最终明白了关键所在。问题其实并不复杂。

1. 运输成本

秸秆是很蓬松的物质，而且在收获粮食以后分散在田地里。如果要把它们收集起来运送到利用它们的工厂，会遇到一个巨大的难题：本来可以运 10 吨的货车，因为秸秆太蓬松、密度太低只能运 1 吨多，这意味着单位重量的秸秆收集和运输的成本会比充分利用货车运能时高 5—10 倍。就是这么一个看似极其简单的问题，就把对秸秆的利用难死了，仅通过后续工艺改进不可能降低这个成本。

只有如图 5-4、5-5 这样把秸秆或草用大型机械打捆机打实了，进行运输才会有经济性。但这只有大规模农业经营条件下才有可能。

图 5-4　圆捆秸秆

图 5–5　方捆机械

图 5–6　中国运送秸秆往往是这样蓬松的状态

2. 库存经济性

工业生产过程是最好一年到头连续不断的，其原料和产成品库存需要保持在一个相对稳定的水平才有经济性，这样才可以用最小的仓库容量满足工业生产的需求。但是，秸秆的产生具有突发性，只是在一年中的收获季节，在极短时间内突然间全部产生出来。因此，你要想利用秸秆的话，需要在每年的这一个收获季节全部收储，而后使用一年。这样会造成库存的极不合理分配。

菲律宾吕宋岛的南部卡拉塔甘有一个糖厂，其周围有大量农田种甘蔗，配套给这家糖厂作原料。因为吕宋岛气候温和，一年到头都适合甘蔗生长，没有季节性，因此可以看到不同田地里的甘蔗生产阶段都不一样。这是很有好处的，可以一年到头连续不断地收获，连续不断地供给这家糖厂原料。这样糖厂就不需要过大的库存，而且甘

图 5-7　2016 年 4 月 16 日，作者去菲律宾出差时，经过吕宋岛南部卡拉塔甘的甘蔗地，我身边的甘蔗已经接近成熟收获，身后远处的甘蔗却还在生长

图 5–8　与上边甘蔗地仅一路之隔的另一块地里的甘蔗却刚种植不久

蔗存储太久了还可能带来腐烂和品质问题。但中国大部分地区四季分明，除海南岛等南方少数地区外，其他地方都存在秸秆在一年中收获季节的突发性产生问题。

3. 秸秆库存安全性

更重要的一个问题是：秸秆如果干燥存放的话，高度易燃，尤其大量存放是极其危险的。一个小火星就足以把全部库存烧个一干二净。《水浒传》中的林冲就是吃了这个亏，存放军草的草垛被高俅的人一把火烧光了，最后只能被逼上梁山。这个风险实在太大了。而如果为安全性把它打湿了存放呢，时间稍长又会腐烂变质，极其麻烦。

图 5–9 极其麻烦的储藏秸秆安全性

图 5–10 秸秆救火行动稍有迟缓整个存货就会被烧个精光

以上几个问题都与后续如何利用秸秆的技术完全无关。如果你不解决这些前提性的问题，一切后续秸秆利用的技术成本都不可能降下来。因此，很多看起来很好的秸秆利用项目，因为它们无法解决以上问题都只能被放弃。

我遇到过一个很奇特的项目，真有希望解决以上所有问题，只是这个项目还处于创业期。山东寿光九一农业科技有限公司的创业者原来是做造纸的，他们把造纸技术用来将秸秆处理成液体有机肥料。这个还不是关键，关键是他们与种蔬菜的农民签订合同，免费提供给他们液体肥料，但条件是他们得免费将一定数量的秸秆拉到他们指定的集中处理点。在这个集中处理点上，他们将秸秆粉碎，这样密度可以提升 6 倍，从而有效解决了秸秆运输成本的第一大难题。

然后是他们需要秸秆的时候，才同菜农交换秸秆，平时秸秆是分散存放在农户那里的，这样又解决了秸秆库存和安全性的成本问题。

他们处理秸秆的工艺是浸泡，因此打湿了存放是没有任何问题的。这样也增强了存放的安全性。秸秆存放的安全性要求，对后续秸秆的处理产生了一定的限制。因为要是用秸秆来燃烧发电的话，是不能打湿了存放的，那样燃烧时你还得想办法把它们烘干，这就增加成本了。

以上项目是否成功我还在跟踪之中，有兴趣的朋友可以一起来支持一下。但不管怎么说，解决秸秆处理的三个前提性的难题是对其有效利用的否决性条件，也就是无论你后续处理工艺发展得如何，如果这三个前提性问题不能有效解决的话，其他后续工艺做得再好也是白搭。由此就该明白它的约束性有多么苛刻。

图 5-11 秸秆焚烧成为现实中国一个令人头疼的问题

图 5-12 即使政府很大力度地查处，从积极方面提供秸秆有效处理的补贴，也因问题过于分散难以禁止

讨论这个案例是要让读者可以清楚理解到，要想在与农业相关的技术上获进步有多么艰难。而那些以“工业文明时代的科技进步可以有效解决问题”的忽悠家们，他们不是真想解决任何问题，只不过是用哲学或经济学层面的观念性东西来进行忽悠而已。

说到这里我们再回头去问一个问题：为什么中国农民都要将秸秆烧掉呢？其实，对秸秆最简单有效的利用是把它简单打碎，就地扔在田里腐烂变成农家肥。这样不仅处理成本最低，而且可有效减少化肥的使用量。但是，这只有采用撂荒休耕方式时才有充分的时间实现。因为中国粮食太紧张，对耕地的利用率太高，如果不把秸秆及时处理掉，后面马上要进行的播种又会受影响。并不是中国农民环保意识太差，而是因为中国人口超限太多，不得不将耕地利用率提升到极限，也就不得不将秸秆及时烧掉。该理解人口超限之后一连串的问题是怎么来的了吧。

第六章　布朗行动总体作战方案

一旦中国人口达到预定极限，有 A 到 F 计划等 6 种可选攻击方案。目前是对中国进行布朗行动操作的天赐良机！

一、“布朗行动”总体作战方案

前面已经提到了，要达成目标需要从多个方向同时展开行动。因此，布朗行动总体作战方案需要解决如下问题：

（1）鼓励中国大力增加人口总量——主攻方向；

（2）抑制中国增加粮食产量的能力——左翼进攻方向；

（3）鼓励中国进口粮食，模糊粮食自给率的问题——右翼进攻方向；

（4）抑制中国从其他国家获得粮食的能力——外围 1；

（5）增加其他国家与中国抢饭吃的人口——外围 2。

1. 第一阶段 预备期行动计划

这里要提示一下：未来培育农作物品种有望获得单产重大突破的途径，只有通过转基因技术才能实现。传统农作物育种方法不仅周期极为漫长，而且也越来越接近理论极限，提升的空间很小了。该明白转基因问题为啥突然间吵得那么热了吧！你以为那纯粹只是转基因本身的问题？一切看似奇怪的热点，在战略家看来背后都是有暗藏的动机和特定目的的。

通过不断努力寻找，终于功夫不负有心人地在华人中间成功地找到几个可遇而不可求的将才，来实现以上战略意图：

（1）以反对计划生育的学者们在中路为主力，向人口和计划生育发起重点进攻。

（2）以反对转基因的大 V 等为左翼，向转基因领域发起辅助进攻，妖魔化转基因技术，阻击中国在粮食单产上再获显著提升的能力。崔永元又是一个不明真相的，他不明白为何自己去美国拍电视片的时候，本来是美国政府邀请他，当他真去美国后，美国所有官方人员全都避而不见，尽可能脱离干系。气得崔永元回来后大骂“你求我采访我还不一定愿意呢”。

（3）以个别经济学家公知阵营，鼓励中国进口粮食，把本来就很糊涂的“粮食自给率”安全红线概念不断地搞得更模糊和更糊涂。但火候得掌握精准，因为中国现在已经不得不持续增加粮食进口，包括主粮进口。因此就不要说太多，以免引起怀疑。

至于外围战场嘛，就由咱们蓝军自己西方人直接搞定就行了。在全球范围激起穆斯林与基督徒的强烈矛盾，让其他宗教人口全都向穆斯林的一家生 8 个看齐。知道为什么“穆斯林人口增长太快”

成全球恐怖问题原因了吧。是人为制造的谣言吗？当然不是。战略欺骗行动要想成功，那也得顺势而为，在绝大部分都是真实情况前提下，极少部分稍作模糊，这样才能最有效地骗住攻击对象。完全以生育率来说事儿，是不是与反对计划生育的专家的忽悠完全一样的套路？

好，那这样做了以后真能达成什么效果呢？

以上这个计划是第一阶段行动方案。在这个过程中，可以保持和增加美国粮食出口，保持世界粮食相对低价。这样一方面可以获得粮食销售的现实利益，而不是等待出现其他事件后才能获利；另一方面长期压低粮食价格使进口粮食成为中国政策惯性，使中国建立“世界粮食市场根本不会有安全问题”的固定印象，就像当年日本根本不认为石油会出现安全问题一样，不要把眼光只局限在国内，而要放眼全球开放的石油供给，所以日本的石油供给就算对外依存度达到93%也不会有问题。当中国人口总量远超过粮食极限，其他国家人口增长消耗外围粮食生产能力，使中国从其他地方进口粮食的潜力被消耗差不多，国际粮食贸易产能提供一方不断集中到美国或美国粮商控制的产粮渠道之后，就开始考虑下一阶段行动。

2. 第二阶段 总攻前的前哨战

此阶段目的是进一步全面遏制中国从其他国家获得粮食的能力。所以，从现在起就开始悄悄收集中国在其他国家开荒种地的情报。在总攻之前2—3年，以某个新闻事件为突破口，打起全球生态和野生动植物保护的道义大旗，掀起强烈抗议中国在全球开荒种地导致自然生态恶化和野生动植物灭绝的浪潮。这是铁证如山，可以预料到中国一方面为自己辩护，另一方面不得不停止在全球其他地区开荒种地，并且将一部分已经开垦的地方退耕还林。这将阻止相当一部分中国从外获取粮食的通道。

3. 第三阶段 兑现成果的决战阶段

在前哨战有效实施之后，开始第三阶段行动计划。此阶段计划因为是很多年以后实施，情况会有很多变化，因此需要制定多个可选方案作为预案：

A 计划，油价起爆。由于长期保持国际油价低迷，大量石油产能退出，虽然因新能源发展减少了大量石油消费，但最终还是在某个蓝军预计到的时间点上，国际油价又开始暴涨。于是，美国粮商开始行动，在全球市场由主要出口商角色突然转变为疯狂采购粮食，停止向中国的所有粮食出口，将大量的粮食转化为酒精燃料，从而使采购粮食的行为并非成为一种沉没成本和负担，而是及时有效地转化为利润。别以为这个行动只是一个理论上的计划，相应的攻击武器早就被实际地成功测试过了。2008 年之后的几年，全球石油价格在 100 美元 / 桶水平波动的时候，大量粮食转化成酒精燃料就曾使全球粮食价格暴涨，并且导致全球粮食库存迅速下降。因此，A 计划一旦启动，会达到类似，但强度却高得多的效果。因为那是人为且刻意引发的。美国政府停止了对新能源的支持，并且转而大力支持美国的油气管道建设，这很可能不是单纯为布朗行动而做，但在客观上，这样做也肯定会使 A 计划的操作通道长期保持畅通。

B 计划，战争起爆。在向中国出口粮食的主要国家，如果不受美国粮商控制，就通过引发社会动乱，或直接对其进行战争，以此大量降低其粮食产能。

C 计划，美俄联手。在粮食生产上，与俄罗斯联合作为全球主要粮食供给者联盟，成立 OGEC（粮食输出国组织，Organization of Grain Exporting Countries）联合控制全球粮食市场。美国新总统上台后一直在讨论美俄是否会联手的问题。依过去战略格局他们是完全不可能联手的，因为没有任何抓手。但如果中国人口成为问题，他们联合的抓手就顺理成章地有了。罗马俱乐部《增长的极限》中以几百种“不可再生资源”为基础讨论问题，但最后主要是石油出了问题，原因何在？不是石油这种矿藏与铜矿相比技术上有什么特别，而只是因为石油这种资源被 OPEC 人为利用和操作了。OPEC 都是些什么国家？沙特、伊拉克、伊朗、科威特、委内瑞拉、阿联酋、利比亚、尼日利亚、卡塔尔、印尼……你再看看 OGEC 都是些什么国家：美国、俄罗斯、澳大利亚、加拿大。你中国还不觉得后背发凉吗？ OPEC 的那些酋长拿石油作武器也就是减点产，提提价，多要你一点钱。而如果 OGEC 搞点什么动作，要你的钱那是对你天大的仁慈和恩惠，无论他们的综合实力还是手中的粮食武器，那都是立马可以要你命的东西。

D 计划，气候起爆。2030 年，中国人口将达到峰值。而据英国地球学家预计，2030 年地球有可能遭遇一次小冰期，从而导致全球粮食产量出现相当长时期的显著下降。历史上，中国人口达到峰值时遭遇小冰期等，是导致社会崩溃的规律性事件。除此之外，如果遭遇其他自然气候变化或程度严重范围较广的自然灾害，导致全球或中国粮食产量显著下降，都可成为启动此计划的时间点。

E 计划，五大可行性指标起爆。一旦前述布朗行动的五大可行性指标全部满足，即可启动，至于借口嘛，到时候随便找一个相当正义的理由就是了。

F计划，其他起爆方式。其他随时可能出现的偶发，却可能导致全球粮食供需发生重大转变的事件，或新发现的计划。

以上计划方案也可组合使用。

因计划生育完全停止并鼓励生育，人口重新暴增的势头已经启动，中国对粮食的消耗就长期不可遏制地增长。然后，向中国要挟的机会就来了，从OGEC增加粮食供给可以，但咱得谈谈，得好好谈谈是不是。金融得市场化，你不能再操控人民币汇率。中国明知这家伙就是要来搞金融打劫剪羊毛，但在要钱还是要命的选择面前，只能选择要命。如果你想再搞计划生育，那是政策朝令夕改，已经回不了头了，后悔已经晚了吧？你最多只能和这帮强盗谈谈剪羊毛的时候不能下手太狠，只剪羊毛，别剪到皮，别流血。OGEC说什么呢？什么事情都是可以谈的嘛，这都好说，甚至也可以有毛大家剪，一些中国的极少数企业也可以参与一起剪嘛。

其实，只要达成这个战略格局，操盘的手法就实在太多了，哪里还用得着同中国谈判？只要中国粮食库存迅速下降，可以通过某个学者发表一篇文章完全客观地指出这一点，并指中国粮食库存数据可能造假；然后美国签发一些命令，如将严查转基因食品出口，以及禁止全球不合法转基因食品贸易（完全是冠冕堂皇，义正词严，有理有据，还形象高大）；再然后“东突”分子、“港独”分子闹点事……然后就会谣言四起——中国将发生重大的粮荒，美国金融空军就会大肆出动做空中国股市、汇市、房市……根本就不需要与中国谈什么，就可以剪一把中国的羊毛。过一段时间再剪一次。这类手段，美国金融部队早就玩得烂熟于心，在中国不仅是战略家、经济学家、媒体人都可以上上课，甚至已经属于街边卖西瓜的老大爷都可以谈清楚的东西，哪里还算得上什么阴谋?

二、为什么美国可以不卖给中国粮食？

有人可能会说：美国怎么会这么不讲道德?粮食是人道概念的商品，你美国怎么能这么做?这是很不道德甚至要引发粮食世界大战的阴谋。

但是，我们必须理解，无论将来美国是公开地还是秘密地不卖给中国粮食，都是它完全可以自由决定的事情：

即使在道义上美国也并不需要承担太多责任和义务。马云和王健林是巨富，有太多的钱，但还有很多中国人没钱，甚至要讨饭。难道说因为人家马云和王健林钱很多就一定得给那些穷人钱吗?你最多只能说他们慈善做得还不够。如果有人去抢别人的钱，这肯定是犯罪。但如果人家自己的钱不给其他人，你撑死了也说不了别人什么太多的不是。给，是别人的功德；不给，那也是别人的自由。按 WTO 规则起诉?到时候别说起诉过程有多长，是否来得及，如果事情真到那一步，最差情况下直接退出 WTO 不就得了。现在美国就在放出风声要退出 WTO，况且到了谁也顾不了谁的时候。

中国完全没有强力的手段。在这个依然有着丛林法则的世界上，如果没有其他办法了，可以通过武力去抢。但是，即使中国军力不断地飞速提升，OGEC 的成员在未来军力下降，甚至下降很多，他们攻虽明显不足，但守却绰绰有余。就算他们完全没能力再通过军力去遏制中国，但你中国要想通过军力去硬抢是门都没有。第二次世界大战时日本通过偷袭珍珠港至少暂时还获得了成功，但如果设想一下未来中国采取类似的军事行动，无论成功与否，中国军队无论是 3 个还是 6 个航母战斗群，回国路上立马全都被核武器给灭光了。本来他们核武器就是可以先发制人的，你现在居然找上门了，本就属于理亏，那还不乘机给你一个下马威。

就算中国找到一大堆证据对美国进行道义上的指责，美国政府也完全可以理直气壮地给予强力回击：

中国对美国的粮食世界大战阴谋论指责纯属污蔑，一派胡言。美国早在几十年前就支持中国的计划生育政策。布朗先生早在 1994 年就警告过，不仅中国的粮食生产能力根本养活不了中国人，全世界的粮食产能都养活不了，可是你们偏偏不听。还狗咬吕洞宾，不识好人心地指责布朗先生搞的是“中国崩溃论”。计划生育是中国改革开改总设计师邓小平领导制定的国策，你们有那么多杰出的农业专家、人口学家，却莫名其妙地偏偏要去听信一些自以为比邓小平还伟大的所谓“人口学者”，其实都只是一些外行的华人之言，完全放弃计划生育，并大肆鼓励增加人口。有任何美国官方的言论支持过你们这么做吗？完全没有。你能怪谁？只能怪你们不民主的社会制度导致的重大决策失误。你们的指责纯属是想把中国自己决策失误赖到别人头上，毫无事实根据。还是奉劝各自回去多检讨一下自己的问题为宜！况且话说白了，在粮食不够吃时，每个国家的政府当然有责任首先保证自己国民吃饱。难道还要美国政府不顾自己国民、美国盟国的国民可能饿死，把粮食全给你中国，去弥补你们决策失误造成的那么大粮食缺口吗？

请问：中国还能再说什么？纵然手里有一万个铁的证据又能怎么样？

以上布朗行动计划即使不能完全成功，至少可保美国粮食出口量的增长和稳定，有最低的投入产出比保障。如果全成功了呢？那就是收获巨大，因此，此计划对美国是有百利而无一害。

三、天赐良机

以上计划真能实现吗？确实有大量战略机遇支持。

1. 2010 年之后，中国开始于 1980 年的计划生育政策已经到了当初设定的 30—40 年的调整期，本来就要进行改变。此时推出布朗行动计划是顺势而为。

2. 一胎制的计划生育政策负作用累积越来越多，以这些负作用为借口来攻击该政策看起来相当合理，很容易为社会大众和决策层所接受。

3. 面对计划生育政策进入预定调整期，计生部门的人很自然地有自身前途的压力，很可能因自身利益想延长该计划，从而有意无意将人口数据向有利于延长该政策的方向修正，有小辫子可抓。这可以为布朗行动计划攻击计生政策找到相当有力的攻击点。

4. 执行计划生育国策在相当长的时期内是对所有地方政府部门一把手具有“一票否决”地位的工作。在如此权重的影响下，计生部门无疑在客观上拥有巨大的权力。当需要对这个政策权重进行调整的时候，过去计生部门在这个过程中具体工作方式上的任何细小偏差，都很容易被刻意利用和放大，制造社会大众对计生工作的仇恨心理。

5. 极为重要的，而各方其实都未充分展开的理由是“**房地产对人口增长的刚性绑架**”：中国政府现在还是土地财政，人口增长是保持房价增长的关键支撑，而房地产价格是维持政府卖地收入的重要财政来源。如果人口由增长转入下降，将使房价转入长期下跌期，这很可能彻底改变中国土地财政的现状，影响重大。这是绑架政府决策者的最强有力的武器。因此就该明白，为什么反对计划生育的观点最初理睬的人不多，但在找了一些房地产大佬后，这个道理他们一看就明白了，立即心领神会，很快这类观点就获得广泛支持。这些大佬的庞大财力物力结合在一起，继续搞定中国媒体和各决策环节就不再是难事。中国现在其实处于人口政策非常艰难的抉择期。即使感觉到人口刚性增长有巨大风险，但如果对粮食增长状况稍微心存侥幸的话，就可能在重大利益面前做出错误判断。未来中国人口政策要想正确决策，事实上空间极为狭窄。如果人口下降太快致泡沫太快破灭，产生一次被国际游资剪羊毛的机会，新的经济增长动力还未充分形成，经济发展就会过快失速。中国要想在保持经济中高速运行的前提下，将土地财政切换到依靠科技进步为动力，就像飞机要在空中更换发动机一样，不仅需要极高难度的技巧，也要足够充分的时间。因此，保持人口有一定增长有相当强的刚性需求，但如果人口增长稍微偏快，又很容易冲过极限。这就像开在一个悬崖上的车一样，左边是乱石峭壁，右边是万丈深渊，同时还得保持一定的车速。方向盘稍微偏左就会撞上乱石峭壁停车，稍微偏右又会掉进万丈深渊。这就是为什么 2016 年习主席空前地提到“房子是用来住的，不是用来炒的”。这事实上传递出了极为强烈的信号：中国政府已经下定决心要从土地财政中解脱出来，以便摆脱对人口增长刚性需求的依赖。但是，土地财政现在对很多地方政府来说就像上瘾的鸦片一样，要摆脱不是那么容易的。如果摆脱不了对土地财政的依赖，事实上就摆脱不了对人口刚性增长的依赖。中国的所有困难都是蓝军的便利，中国的决策空间越狭窄，蓝军的操作机会就越充分。此时只要加大干扰量，无论哪个方向产生偏差，都会产生极强的干扰效果。

6. 对类似海稻 86 这样的农业技术进步寄予的期望过高。我们在投资活动中经常遇到一些案例：极少量的看似非常微不足道的细节限制，往往就会成为一些表面上极有前途的技术产品颠覆性问题。对海稻 86 品种，当然需要大力支持优化，但有两个细节的技术点需要引起注意：一点是，海稻 86 有抗盐碱能力，但并不是完全通过海水灌溉，只是海水一定时间的浸泡不会有问题，可不受影响地存活下来。因此，究竟有多少盐碱地可以改造成种这种水稻的耕地，需要进一步仔细确认。更重要的一点是，海稻 86 口感很不好，非常粗，吃起来像米糠一样。如果在正常情况下，这种米因口感太差而无人购买，它即使能种出来，且产量不错，但卖不出去。这样就无法在正常年份形成足够的产量。没有足够产量支持，就没有后续持续经济动力把相应的盐碱地改造成种这种水稻的稻田。真到了缺粮的时候，再来进行盐碱地改造去种这种水稻又太晚了。以上这些看似极微小的技术细节差异，如果没有充分了解，仅以其大面上的单产数据为依据，就可能使不是太了解情况的领导决策层产生非常重大的战略误判。例如，中国有近 15 亿亩盐碱地，如果把海稻 86 可推广的面积设想成 10 亿亩，那么可能新增的水稻产量就可以设想成 3 亿吨，并且未来单产进一步提升的话，粮食增长能力更加可观，这将使中国粮食供给状况发生彻底的改观。但如果到时远远达不到这么高的水平，理论与实际就会产生极大的落差，就会导致巨大的战略误判。

7. 老龄化的影响越来越大。抚养比状况的根本改变，有可能使社保收支状况发生逆转，领取社保的人越来越多，有可能使社保负担越来越重，产生赤字。欧洲国家福利过重的教训就在眼前。因此，特别强调生育率，的确是击中中国政府这个痛点的地方。另一方面，如果以各种方式强力攻击中国延长工作年限，以阻止中国政府解决这个问题的努力，可以有效维持解决这个问题的难度。

8. 劳动力数量下降，可以成为中国人口红利消失的证据。这会使中国政府对未来经济发展基本动力之一产生危机感。

9. 中国人口已经处于超越粮食极限的区域，其回旋余地非常小，一旦做出极小的错误判断和决策，使得人口增长很少的加速，就足以使中国人口问题在相当长的时期内根本无法回头了。中国不仅是开在悬崖上的车，而且人口极限这一边的轮子有一半已经悬在半空中，极为细小的误判就可能产生天壤之别的差错。如果你在开车时离前面的车有 300 米远，发现有意外时踩刹车，快 1 秒或慢 1 秒做出反应关系不是太大；但如果前方车辆距你只有 10 米远，它突然停下来你做出反应的时间快 0.1 秒和慢 0.1 秒那就是生死之间的差异。因此，目前阶段是以最小的干扰使中国产生最大决策偏差的最佳时间点。该明白对中国计划生育政策的不同声音其实一开始就有，但在近些年突然加大原因所在了吧！

10. 2030 年左右，中国人口将可能达到峰值。一旦越过峰值，人口就会或快或慢地下降。一方面带来粮食消费量下降，另一方面中国粮食产量多少会有增长，这会加速使中国人口与粮食的矛盾状况持续得到改善。因此，目前是采取布朗行动计划最后的时机，机不可失，时不再来。该明白反对计划生育的人要那么急迫地说“得赶紧放弃计划生育政策，否则一切都晚了”原因何在了吧！

11. 中国经济的成功和军力、科技实力格局的完全改观，如果利用得当，正好可能是使其陷入信心爆棚、盲目乐观、头脑开始发热、对关键问题产生疯狂战略误判的最佳时机。

微观经济学中有一个很核心的观点：进行当前决策最重要的依据不是过去的历史，而是当前和未来的边际分析。改变当前的边际变化，也就成为影响未来最重要的时机。

混沌学告诉人们，在极限位置的最敏感点，任意微小的扰动可能产生无限大的差异，这就是蝴蝶效应。因为中国人口变化当前所处位置正好为最敏感点，此时开始实施布朗行动第一步对中国人口政策的误导就是最佳时间点。对任何政策和学术问题都存在正反两方面的意见这是很正常的，但如果突然间出现大量不正常的极端观点，那就是特定战略欺骗行为所致。这就是近些年对计划生育的攻击突然间如此疯狂和不正常的原因所在。

战略时机极为有利，但如果具体操作细节上不充分考虑的话，同样做不成事，细节决定成败嘛。所以要充分设计好战术选择，甚至搞得好的话，乘机还可获得更大的战果。

第七章　反计学者们忽悠大众的战术手段

对计划生育的攻击不能采用西方人的思维方式，而要采用中国人的思维方式，全面使用游击战的战术。

一、布朗行动忽悠战术手段

科学地论证问题是从一套自相一致的前提出发，围绕单一的问题进行前后逻辑一致的推导。而反对计划生育的专家们的论述是多处展开，全面开花。那不是面包和奶酪式的单一材料，而是八宝粥、乱炖、胡辣汤尤其是火锅，一大堆互不相关的东西放进去，但只要火锅底料是麻辣的，无论放进去什么东西都是麻辣味——全面否定计划生育。这样从大量不同领域同时展开攻击，唯独不讨论真正科学的人口总量与资源量之间的矛盾问题，这样任何单一领域的专家往往都不知道该如何应对。即使找出一两个论点的毛病，也改变不了整锅汤是麻辣味的局面。

（1）生育率；

（2）人口数据差错；

（3）中国人口专家人口预测差错；

（4）人口与劳动力；

（5）老龄化；

（6）孤寡老人的抚养问题；

（7）性别失衡带来的男光棍儿问题；

（8）生育权；

（9）自然的生育意愿降低；

（10）工作紧张导致生育能力持续下降；

（11）农业科技增加对粮食供应的无限潜力；

（12）人是消费者也是生产者，是问题的制造者也是问题的解决者；

（13）最大的资源是人力资源，21 世纪最贵的是人才；

（14）中国人不是太多，而是太少；

（15）至于粮食问题，利用人口生态学天然的缺陷，直接模糊地攻击其并不科学，并不存在极限即可；

（16）少数民族，尤其特定少数民族在新生儿中的比例上升有可能彻底改变中国未来的文化结构；

（17）生育问题上讲科学就是把人当牲口；

（18）多子多福是中国传统文化；

（19）计划生育是计划经济最后的堡垒；

（20）计划生育就是计划杀人；

（21）以其他人口总量远低于中国的国家人口政策说事儿；

…………

以上所有观点招招见血，精准地打到中国社会人们的痛点上。专门针对中国人先合情后合理的思维弱点，定向开发出不是“以情动人，以情感人，以理服人”，而是“以情逼人，以情讹人，以情唬人”的整套策略。

二、布朗行动忽悠战术手段的根本问题所在

1. 他们仅仅是在通过提出问题制造问题，而不是要解决问题，甚至于就是要将问题变得无法解决

仅以极为蛊惑人心的不同民族新生儿比例为例，他们以欧洲穆斯林新生人口太多，而其他民族新生儿太少，导致未来欧洲可能变成穆斯林国家为例，反对中国的计划生育。甚至借人都已经死了的卡扎菲之口说，穆斯林要征服欧洲不用靠任何军事力量，只要靠穆斯林女人的肚子就可以了，几十年之内就能把欧洲全变成穆斯林国家。把计划生育说成只针对汉族人。一旦把任何问题搅成宗教冲突，那问题就没法解决了。但事实上，真正从解决问题角度来讲，正是中国的计划生育建立了可有效调节不同民族人口比例失衡的最强有力工具。因为中国的所有少数民族也都是执行计划生育的，只是他们最多 4 胎，有优惠。但相比于欧洲的可生 8 胎或更多，那就完全不同了。正是因为有计划生育政策的存在，才有抑制特定民族出生人口太多的制度保证。欧洲人整天上街吵吵，能解决什么问题呢？什么问题也解决不了。如果欧洲有计划生育，只是最多每家 3 胎，既足以使鼓励白人多生的努力基本不受影响，也有效避免了特定民

族生育太多，同时这是所有人一视同仁的公平政策。你总不能专门针对人家穆斯林说你不许再生了，但同时要鼓励白人无止尽地多生吧。因此，他们没法通过计划生育政策来解决问题，就只能靠反对穆斯林移民来解决问题。但这样出台政策专门针对穆斯林，公开地搞民族歧视，只会导致不同民族矛盾加深，而且还只能解决新增穆斯林移民问题。已经生活在本国有绿卡的穆斯林还是生 8 个或更多你怎么办？还是会造成不同民族比例严重失衡。

未来中国人口总量过了最大峰值以后，可以将所有超过 1000 万甚至不管总人数多少，也完全不考虑是哪个民族的问题，所有中国人生育政策都统一成最多生 3 胎，这样原来少数民族最多生 4 胎仅仅减少 1 胎，政策执行难度相对非常少。整个中华民族的困难，大家要一起来承担。经过较长时期的过渡之后，通过经济的发展和教育的提升，不同民族间人口总量平衡问题就有效解决了。但是，如果完全放开生育限制，现在很多落后地区的特定少数民族照着 8 胎 10 胎去生，而汉族人口的生育意愿却绝对不可能提到那么高，那人口总量比例失衡的问题就完全无解了。所以，拿这个最蛊惑人心的理由去反对计划生育，不是真要解决问题，而就是要让这个问题变成完全无解的死结，用心极其险恶。

还有网友问我："你为什么不去其他国家宣传计划生育？我们控制人口，其他国家不控制，中国不是吃亏吗？"这不能说一点道理没有。但是，首先我们控制人口是要解决我们自己的问题，中国毕竟是世界上人口最多的国家，更关键的是人地资源矛盾的状况世间罕有，是最可能，甚至唯一存在遭受粮食战争攻击可能性的国家，且风险越来越大。本次人口《规划》的确提到要向国际上宣传中国计划生育的经验，以便为我们进一步人口发展提供更好的国际空间。中国的计划生育措施不仅是为我们自己社会发展做出的贡献，也是为全人类发展做出的贡献。如果真心为中国创造良好的国际空间，就应当对中国计划生育的经验进行理性的总结，支持我们把这些道理向国际上其他国家讲清楚，积极向国际上推广我们研究计划生育的相关理论和成果。但是，如果我们在自己国内就将计划生育的成就全盘否定，甚至全盘污蔑，这不仅是对过去全国人民的付出和贡献公然地践踏，让全中国人寒心，而且你自己都完全否定自己做出的贡献，还能有条件把这些经验和贡献去国际上进行宣传推广吗？显然别有用心嘛！

所以，表面看他们在提出这个问题，事实上他们是试图在把中国政府可以最有效解决这类问题的所有方法和能力彻底废除掉。

2. 因为是全面开花地展开游击战，所以不同观点之间逻辑上存在大量自相矛盾之处

一方面认为没有适度人口，另一方面又把生育率为 2.1 或是 2.2 设为理想目标。但如果从长远的观点看，最终会使人口不增不减的 2.1 或 2.2 的总和生育率不正是会达到一个特定的适度人口总量吗？《大国空巢》就更不用说了，书名本身就是矛盾的。

一方面认为计生政策基本无用，如果没有它，因生育意愿下降中国人也没那么多，另一方面认为计生政策严重导致中国人口崩溃。

一方面认为城市越大越好，中国北京、上海等地应当规划 5000 万人以上城市人口，另一方面认为人口越少越会导致人口集中在极少数超大城市，造成大城市病。

一方面认为穆斯林化会带来人口总量失衡的严重后果，中华文化会消失，另一方面说中东伊斯兰国家人口出生率也在显著下降。

一方面说人口预测是一个极为困难的事情，没人能准确预测未来人口发展，另一方面对中国人口学家的预测数据无限上纲地攻击，并对自己未来中国人口将崩溃的数据预测信誓旦旦……

所有这些明摆着逻辑上自相矛盾，前言不搭后语的论述是科学思维方式根本无法想象，也根本就编不出来的东西。只有深知中国人思维弱点，不怀好意的人才能编得出来。别说是大量普通中国人，就是中国知识分子精英们一旦被他们“以情逼人，以情讹人，以情唬人”的招数命中，不仅对这些逻辑上大量自相矛盾的地方全都不管不顾，甚至也会积极加入这个阵营编出更多借口，以恶心、讽刺、造谣、编段子、挖苦等各种方式去盲目地反对中国的科学人口控制政策。

3. 既然这个战略欺骗计划目的只是要误导中国人，不是真要去严肃认真地研究所有计划生育的负作用该怎么解决，所以一切观点都会不求甚解

什么东西都说，什么东西说得都没有真正的科学研究过程。例如，人口、劳动力与经济发展的关系是最容易通过数学模型和数据说话的，但即使这个课题他们也都只是最多简单粗暴地定性分析。也不去讨论真正有效解决问题的方法和策略，唯一要得出的结论就是完全废除计划生育。计划生育，一废就灵；只要废除了计划生育，中国的一切问题就全都解决了；如果计生不废，中国就将万劫不复。

这怎么可能是科学真理，明摆着是邪教和不是极“左”就是极右的东西。

4. 最关键的，永远回避最核心的人口总量与资源，尤其与粮食资源之间的矛盾，不对其进行准确数据的科学分析

如果没有这个最关键的科学数据分析，一切如何调整人口政策的讨论都纯属忽悠。我们一再强调计划生育不是绝对的，而是有科学条件的。我们绝对不是盲目地支持计划生育政策，它必须以对人口总量与实际可获得的资源量之间的矛盾科学分析为前提。这本来是个非常简单的专业问题，如果资源量的约束有效缓和，就可适度放松计划生育政策。道理本来非常简单，如果要争论，只能去争论资源量与人口量之间关系的科学分析结果是什么即可，只有这样的研究态度才有可能是科学。但他们最害怕和极力回避的，就是这个最关键的真正科学问题，他们永远在这个真正科学的问题之外绕来绕去进行忽悠。

5. 没有任何人否认计划生育是存在负作用的

对于计划生育政策的负作用，科学的态度是：在承认计划生育政策合理性前提下，把它们看作计划生育政策的执行成本来客观评估，而不能以此为借口去根本上否定计划生育政策，否则就属于忽悠，属于民科。人活着本身就有大量成本——衣食住行都是问题，但能说以此为理由得出的结论是“人不应该活”吗？人口超越极限量带来的是全社会生死存亡的问题，而人多点少点只是赚钱多少等量上的问题。人口超越极限是极短时间内瞬间社会崩溃的问题，而人少点过了峰值人口，可以有几十年充裕时间根据实际人口测量数据逐步调整的问题，轻重缓急一目了然。在中国人口即将在不远的10—15年达到最大峰值，人口量与资源量矛盾最大化，而且当前中国7亿多吨粮食消费已经有1亿多吨进口，明摆着已经触及粮食对外依存量绝对红线的极危险时刻，为什么要在此刻拼命鼓励中国放开人口控制？早不说、晚不说，偏偏要在此最危险时期迫不及待地说个不停？我们可以预言，甚至肯定：别看今天他们急得要死要活地逼迫中国鼓励生育，但当中国过了2030年人口峰值，客观上真的需要鼓励生育时，他们就不会再说这些话了。2030年之后，今天的那些所谓的“人口学家”就不会再宣传鼓励生育的观点，因为已经过了通过粮食战争让中国人瞬间陷入大饥荒成亿人死掉的最佳时机，再进行布朗行动不再有成功的可能，反而真对中国有利。如同当年把布朗的文章炒翻天，但等中国真的被迫需要大量进口粮食、布朗的观点被高度证实时，当年那些炒作布朗文章的人反倒全都闭嘴，一句话也不说了。

真抱歉，说着说着又忘了，我们现在是蓝军，是蓝军！以上正是我们要达到的忽悠中国大众、扰乱人们视线、误导中国政府决策的效果。

有读者可能要说了，就算以上说的战略阴谋是真的，原来咱也不是没被人讹过，顶多再率领一个采购团去美国搞个消气外交，签一堆订单就完了嘛，本来绝大部分这些订单也得签，只不过是签给谁而已，就因为这事儿竟然不让14亿中国人自由地生孩子？也太小题大做了吧？问题是，到时候可能不仅仅是签一些正常订单，不过是价格稍高些这么简单，而是人家会以金融攻击方式不断把你的家底搬空。

更重要的是，以上实际按这个计划操作的人视野、考虑问题的范围和控制能力也都是有限的，不可控因素实在太多。万一操作不好真引发他们自己也控制不住的粮食世界大战怎么办？万一火候掌握不好让中国陷入内战怎么办？核战争大家都知道打不得，所以整个操作流程上有大量极其严格自我约束的程序。而粮食世界大战直到今天也没几个人认识到它的严重性，不仅完全没人知道怎么去约束它，反而现在唯一考虑的问题只是这个矛盾不够达到蓝军方面可以自由操控的程度。人口达到粮食极限的战争一旦打起来，就会进入“战争——粮食剧减——更进一步战争”的恶性循环因果过程，它根本就停不住，会一直打到底，打到全球人口远低于粮食极限量为止。那得死多少人知道吗？

况且，以上可能仅仅是操作失误引发吗？为什么就不能再成为一种人为的战略和策略？于是，蓝军智囊们灵机一动，又进一步制定了更为大胆的行动方案——更邪恶引发第三次世界大战的“尤卡坦计划”。

第八章　极密方案——“尤卡坦计划”

6500 万年前，墨西哥尤卡坦半岛降落了一个直径大约 10 公里的陨石，引发全球性灾难。长期统治地球的恐龙在此次灾变中灭绝。

一、经验教训总结

美国过去上百年历史发展中，第一次世界大战、第二次世界大战是很成功的，第一次海湾战争打得也算不错。但很多其他的战争打得就不算太好，甚至陷入战争泥潭。对此，有很多经验教训，需要蓝军方面好好总结和吸取。从总体上成功的方面来说，凡是美国主动去侵略别国的行动，成功的相对很少。而采取后发制人的，成功的就比较多，并且在战争之火烧起来后，介入越晚的，成效越大，且道义上越是有利。一堆柴火烧起来，人们的本能是追究谁放的火，不会去追究谁把柴草放这里。所以，蓝军要埋头多做堆柴的工作，一定要静待火起，后发制人。并且，在火起之后还要尽最大可能耐心等待火势充分燃烧，寻找最恰当时机再介入，方能获得最大投入产出比。但凡美国亲自培养的“第五纵队”等直接到别的国家干点火工作的事情，成功的都极少，而且很容易被人把责任归咎到美国头上。不仅花钱办不成事儿，还搞得美国形象很不好，很愚蠢。

所以，通过鼓励全球尤其是中国人口增长，充分将粮食进口渠道集中到美国等极少数国家，就等于在全球，尤其亚洲堆放了大量的干柴和燃油。只要这样的干柴和燃油堆放得越来越多，不用担心，肯定会在某一天碰到一个看似完全偶然（单从其本身看也确实是完全偶然，尤其是真的与蓝军方面完全无关）的小火星，随后就会燃起燎原大火，把这地方烧个精光。切记、切记：蓝军方面一定要“**只煽风，别点火**”，这样不仅不会有人把责任归咎到蓝军头上，蓝军还能有充分机会获得最大利益。

1. 欲退先进

美国新总统候选人在竞选时曾口口声声说有可能要在亚洲撤军，但上台后基本维持与日韩的盟国关系，但会要求日韩多出钱。随后，美国在亚洲各个国家大量出口武器装备，将退役的大量飞机、军舰，甚至航母都重新翻修出口到亚洲。在操作方式上越来越好像在学习中国——出口武器装备尽可能不附带任何政治条件，这样既赚了钱，又为下一步脱身打下基础。更重要的是，将中美之间角力的关注点还继续锁定在军事科技上，却明修栈道，暗度陈仓，将重点转向极密的“尤卡坦计划”。无论美国怎么出口武器装备，中国军力和武器装备提升的速度都远远快于其他地区。随后，中国共 6 艘航母成军，其中 2 艘甚至已经采用核动力和电磁弹射；歼 –20 数量超过 300 架；歼 –31 大量装备航母；二代战机几乎替换完毕，全部是三代及以上战机；隐身战略轰炸机轰 –20 成军；万吨级导弹驱逐舰 055A 达到 6 艘，更先进的 055B 达到 8 艘；052D 达到 34 艘；056、054 数以百计；095、096 达 8 艘；DF–21D、DF–26、DF–16 都已经数以千计甚至万……显然，美国在亚洲的军力存在不仅已完全不足以抵挡中国军事力量，中国具备远洋作战能力的舰船已经大量出现在美洲的美国后院。你还重返什么亚洲，把自己后院看好就不错了。然后就会很自然地过渡到第二步。

2. 欲进先退

等大家都感到美国的军力已经完全不能抵挡中国军力，甚至自家后院都难保的时候，美国就顺势宣布说：不行了，亚洲已经是中国的亚洲，你们跟中国玩去吧，我先撤了。于是，美国从所有亚洲军事基地撤军，仅在一些基地保持一些百十来人的象征性存在，虽然老大形象不再，但因与中国协调工作做得很好，中美共同确定了亚洲未来发展的大格局。更进一步，与中国达成半隐蔽半公开的协议，中国购买美国 3570 亿美元国债，签订 1500 亿美元波音客机等高科技产品订单，对美国进行 2500 亿美元的基建投资，对建建停停已经走不下去的美墨边境长城提供贷款，优秀施工队等全面支持。同时，中国为平息墨西哥的不满向墨西哥提供 150 亿美元投资。交换条件是美国完全废除《与台湾关系法》，支持中国以和平方式统一台湾。台湾被民进党管理得一踏糊涂，又完全失去美国支持，没有任何悬念地在新的领导人上台后与大陆完成和平统一过程，中国举国上下一片欢腾。空气质量已经得到完全控制，雾霾几乎已经不再出现，中国 GDP 超越美国，中华民族已经成功崛起之声响彻云霄。

仅8个月之后，美墨边境长城全面完工并投入使用，中美首脑共同举行剪彩仪式。

但是，共和党总统激进的改革措施虽然使美国实业得到有效恢复，但产生效益需要很长的过程，也是一个空中换发动机的高难动作。结果，效果还没充分展现，美国债务又增长到25万亿美元。民主党候选人在总结经验教训，吸收了大量共和党总统的改革理念后，以攻击其“没有让美国再次伟大，只是让美国债务空前庞大，美国人民再次头大”的口号胜选。

3. 开启三战

在一片繁华喧嚣、歌舞升平之时，天际线远处的一朵小小乌云开始逐渐蔓延。悄然之间，因人口增长失控，整个亚洲广泛的粮食危机越来越严重，政局越来越不稳，粮食库存在波动之中缓慢地，却不可遏制地向安全底线推进。从国内政变到边境冲突越来越多。终于有一天，印巴之间因一印度游客在巴基斯坦拉合尔一餐馆遭到殴打的极偶然事件在网上曝光，引发印度民众抗议，并在抗议中导致一名巴基斯坦外交人员死亡，后逐步升级为两国全面战争，而且空前猛烈。此事被三战研究史学界称为“拉合尔事件”，并公认为是三战爆发的标志。

4. 以制粮食权为核心的第三次世界大战

中国因支持巴基斯坦，并因国内粮食危机越来越重，欲抢夺藏南产粮区而与印度全面开战。原来东南亚的产粮区纷纷转为进口粮食也产生粮荒，只有泰国等极少数国家粮食可以自给，但这也给他们自己带来灾难。因为想买他们粮食的人越来越多，最后买不到就只有冒险去抢了。泰国与周边国家也爆发战争。朝鲜半岛再次爆发冲突，中日之间因争夺钓鱼岛附近渔场而全面爆发战争。第三次世界大战在亚洲以不可遏制的逐步升级方式全面开启。产粮区成为重点争夺对象，反而使这些地区农民逃亡一空，过去的粮田空无一人，逐渐荒芜，粮食产量更进一步巨降。与第一次世界大战和第二次世界大战完全不同，主战场在亚洲的第三次世界大战不是分成两个阵营对打，而是相互打成一片，根本就分不清谁跟谁一伙，类似中国的战国、三国、五代十国和近代的军阀混战时期。国家之间有联合，但都是暂时、多变的。就像当年的叙利亚战争一样打打停停，无休无止。

战争导致农业生产进一步严重衰退，战争中以制粮食权为核心战略思想故意地互相摧毁敌方粮库，以扼杀对方核心战略资源或报复对方摧毁自己粮库的行为，导致了整个亚洲地区的粮食状况以远超过人们想象的速度更进一步恶化。原来专家们以为可以吃 6 个月的后方粮库存货，10 天之内就被其他国家远程精确制导武器人为摧毁了，只有那些存放在秘密地下工事中的粮食库存暂时幸免于难。同时，在战争期间，各国粮库位置的精确数据莫名其妙地在网上一再曝光，随后就会引来交战国家远程精确武器的打击。或者，一旦粮库位置被曝光，即使不被敌方摧毁，也很快被成群的饥民根本就不顾守卫的士兵开枪阻止，将粮库疯抢一空。

与此相类似，1942 年河南大饥荒时，所有家里有存粮的富户全被哄抢一空。

即使在物资极大丰富的年代，稍有风吹草动，中国商场里的东西很容易就被抢购一空。曾经一两块钱人民币一瓶的醋，都能被抢到 100 元人民币。有人曾在日本“3·11”大地震期间，因听说盐可以防辐射就从商场里抢回一家三代几十年都吃不完的盐。越是在粮食极缺的时候，越是可能会有人进行投机，或仅为保障自己与家人不被饿死而囤积粮食。这会导致粮食供给的极不平衡，迅速加重缺粮的程度。

此时中国人才明白，歼 –20、航母、大量 DF 系列导弹、先进的导弹驱逐舰、远程火箭炮……所有这些先进的武器装备不仅不能当饭吃，而且全成了中国人相互之间，以及亚洲人之间自相残杀的利器。美国已经相隔于茫茫的太平洋，躲到万里之外的自家粮食充足的院子里过自己的日子去了。

中国原来的一些朋友，因为中国没法再给他们粮食，只能转向可以给他们提供粮食的 OGEC 国家。第三次世界大战过程中，“有钱不一定是娘，有枪不一定是娘，有油不一定是娘，有奶也不一定是娘”，但“有粮的就一定是娘”。为什么有那么多人不怕死地参与战争？因为只是要找一碗饭吃不至于饿死。美俄欧等地以出口粮食为条件向所有各方大肆出售武器和其他物质赚取 15 万亿美元，并全面带动所有工业和高科技生产恢复，以此使美国从欠账 25 万亿美元的债务国一跃变成 4.5 万亿美元债权国。在战争此起彼伏，断断续续打了 4 年之后，美国联合欧盟和俄罗斯介入调停。因参战各方还算是比较克制，以及域外核大国的不时威胁约束，战争只是以常规武器方式进行，并没有引发核大战。但因武器毁伤效率的极大提升，以及广泛的饥荒导致饿殍遍野，资金大量外流，工业和交通设施大量被毁。战后据史学家统计，第三次世界大战期间亚洲人口在

6年时间内锐减了6亿—7亿。这些死亡绝大多数不是在战争中产生，而是饿死、难民外逃过程中在海上淹死或在沙漠、荒野中死亡、匪盗四起和难以控制的犯罪、互相仇杀、缺少医疗保障的疾病等产生。

据联合国难民署统计，2014年地中海偷渡行为共导致3500人死亡，2015年突破5000人，2016年突破1万人。全球因战争等因素而被迫离开家园的人已超过6500万，这些人中，2130万人沦为难民。逃亡过程中因船舶倾覆等突发性事件的死亡可以有确切的定义标准而被统计，但这2130万人里面有多少人是因饥饿、疾病、犯罪而死亡根本就无法统计。这些数字和照片不是未来的计划，而是现实。但这与“尤卡坦计划”可能导致的难民和饥民人数相比，只能算是微缩版的仿真测试而已。

因中国缺粮状况远比其他国家更为严重，因此这6亿—7亿死亡人口中的85%以上都是中国人。中国人口从战前峰值的15亿下降到10亿左右，从战前3万亿美元外汇储备变为背负5.8万亿美元外债。GDP从战前24万亿美元下降到战后6.3万亿美元。

第三次世界大战期间，数以亿计的饥民漫山遍地疯狂寻找一切可吃的东西，使得野生动植物遭受空前浩劫，包括国宝大熊猫、金丝猴、藏羚羊等在内的大量野生动植物被处于死亡边缘的饥民扫荡一空。

今天整日为“三高”发愁的人们是无法想象什么叫“饥荒”，和在14亿，甚至15亿人口的国家一旦发生饥荒后果将会严重到什么程度的。

图 8–1　1942 年大饥荒把一切可吃的东西吃光的惨状

图 8–2　1942 年大饥荒把一切可吃的东西吃光的惨状。这也就是 70 多年前的事情

中印两大恐龙势力因战争国力耗空、全面衰败，美国军队仅参与极少量的战争就逐步驻扎并控制亚洲各国。此时人们才发现，真正意义上的“重返亚洲”，到这个时候已经成为现实。

5. 奠定第三次世界大战战后格局

美俄等介入调停2年后，在新上任的美国历史上第一位女总统爱百科穿梭斡旋下，亚洲各国停火实现和平。在美国、俄罗斯领导下成立“亚洲公约组织”（简称“亚约”），第三次世界大战后国际格局由此形成。蹊跷的是，美国在战前就收集保留了中国所有灭绝动植物的最小种群，并且在战争中进行了大量繁衍。爱百科总统宣布，将所有这些野生动植物都按足够繁衍的最小种群数量免费赠送中国，并赠送24亿美元作为专项保护资金，以帮助中国恢复野生动植物生态。另外，提供优惠贷款供中方购买2200万吨粮食以解决中国极度粮食短缺问题。同时，还赠送回十几万件在战争中散失的中国文物，并且不附带任何政治条件。爱百科总统此举受到中国各界一致高度赞扬、感激涕零，并将上海重建的在第三次世界大战中被毁金融大厦命名为“爱百科大厦”，以纪念这位给中国带来和平的伟大美国总统和中国人民的大恩人。为避免当年美国退还庚子赔款史料不清导致后来认识上的争议，以及学术上留下无法完备再现的巨大历史遗憾，对史称“爱百科义举”的历史过程，中美史学家们通过大数据、VR视频、人工智能再现等进行了详尽的记载。

爱百科总统因第三次世界大战调停成功的杰出成就被授予当年诺贝尔和平奖。中国和国际学术界一致认为她远比当年奥巴马总统获得此奖实至名归。

要知道，美国对战争赔款进行“退赔”可不止当年庚子赔款一例，而是几成“惯例”了。1863 年，日本仇外的长州藩[①]封锁马关海峡，攻击西方商船。法、荷、美、英四国军事施压，日赔偿 300 万美元，由四国均分。美国拿到赔款，直接存入国库，20 年没有动用，直到 1883 年，国会通过议案退还，共计还回 78.5 万美元。日本拿到这笔钱，在横滨港建了“美利坚码头”，作为感恩戴德的纪念。

知道“爱百科大厦”的源头在哪里了吗？美国这种“退款”远不止一次两次。1856 年，中英战起，广州“夷馆”中的美国传教士及商人财产也被殃及。后中方向美方赔款 735288 美元，最后剩下 20 万美元，到 1883 年美方连本带利退回中方 583400 美元。

在庚子赔款中，据美方最初估计，2500 万美元大约把实际费用浮报了一倍，且有意为之，最后实际为 2444 万，以便此后退款。最后连本带利退给了中国 1250 万美元[②]。你看，人家最初报价的时候早把“退款成本”打进“成交价”里了，哪像中国人做生意那么实在，硬件成本加上最少利润就当最终价格给出去了，帮别人省了钱，得到结果是被人认为在赚劳工血汗钱，抢了别人工作，不做慈善，然后还被认为在搞倾销。

“尤卡坦计划”变数极大，且可遇不可求。但此计划初期阶段完全重用“布朗行动”的成果，因此在相当长时间内可引而不发，只是作好预案，静待时机，可进可退。

---

① 又称毛利藩、萩藩、山口藩，是日本江户幕府时代的一个藩属地。

② 参见《美国为何要退还庚子赔款》，铁血网，http://bbs.tiexue.net/post_10640010_1.html。

图 8–3　现在建成于 2002 年的横滨港大栈桥国际客运码头，就是历经多次重建，最初在 1889 年用美国 78.5 万美元退款修成的“美利坚码头”

第三次世界大战的概念可不是我们先提出来的。美国和英国等军事和战略研究者早就放出第三次世界大战的风声了，问题只是以什么方式开打。

有读者会问：这仅仅是你自己的想象，还是有什么证据说它会成为现实？回到文章开头，这不是想象，而是完全以科学的逻辑和现实的数据为基础，作为蓝军进行战略对抗训练开发的一个战略计划，它本身就是证据，尽管部分内容为了可读性，有一些不影响其战略计划科学性的艺术处理。因此，各位红方朋友不要来问这个作战方案是否为美国所作的证据，而是仅仅请红方朋友们考虑如何有效应对。你可以认为本文虽然借用“美国”之名，但与美国其实完全没关系，这只是“例行战略训练”。如果读者认为美国总统团队的那一大群董事长、CEO 以及有大量实战经验的职业战略家制定出来的作战计划，其杀伤力会比本文作者制定的蓝军作战计划相差很远，我真的感到非常骄傲和荣幸。如果各位红方朋友都过不了我这一关，你还想在当今这个崇尚丛林法则、战略欺骗绝世高手林立的世界上苟且偷生？

二、中美战略家思维的差异

基辛格说：“谁控制了石油，谁就控制了所有国家；谁控制了粮食，谁就控制了人类；谁控制了货币，谁就控制了世界。”（Control oil and you control nations; control food and you control the people ; control currency and you control the world.）可别认为基辛格就是美国战略家中间唯一这么懂如何控制的，也别认为他说这话多么地有原创性。另一位建立“边缘地带”理论的美国战略家斯皮尔曼（Nicholas · J. Spykman）说：“谁控制了边缘地带就掌控了大陆；谁控制了大陆就掌控了世界。”（Who controls the Rimland commands the Continent; Who controls the Continent commands the World.）意大利人杜黑提出了制空权理论，但理解和运用制空权最好的是美国。美国人马汉提出了海权理论，利用得最好的还是人家美国。该清楚美国战略家们整天都在琢磨什么事情了吧？——“如何控制”。

你再看看中国的那些所谓学者和智囊整天都在琢磨什么事情——《中国可以说不》《中国不怕》……撑死了最积极的意义就是“中国有可能不被控制”，警告美国想控制中国是不理智的，设想美国想来控制中国是想得太多的，设想美国不会或不敢来控制中国。善良的朋友们，如果不整天考虑如何控制中国控制世界，那还有资格叫“美国战略家”吗？唉，中美战略家是不是从考虑问题的一开始——提出问题的时候就差了一个巨大的层次？

控制了人的思维方式，就控制了人的思想。控制了人的思想，就控制了人的行为。控制了人的行为，就控制了一切。战略欺骗可以将人变成僵尸，还让后者自以为自己有非常独到的思想和见解。因此，最重大的控制力是控制人，而不仅是控制某种自然的甚至人造的资源。“软实力”“话语权”“制网络权”……制人的思想权。明白美国人为什么整天要高喊“新闻自由”吗？你新闻不自由他怎么能来控制你的思想呢？读者朋友们，问题不在于言论是否自由，而在于你要明白“制思想权”的内在运行机理。

我当然不是建议中国战略家们也学美国整天琢磨如何控制。中国的战略家们就算不去更高层次地考虑如何将计就计利用美国的控制，至少你也得考虑如何防范别人的控制，防范别人通过制思想权把你变成僵尸，否则能有资格叫“中国战略家”吗？害人之心不可有，但防人之心绝不可无。更重要的是，中国现实中的迹象表明，不仅布朗计划和“尤卡坦计划”与现实存在大量惊人的高度吻合，而且“偷天换日的阴谋正接近成功”。

第九章　偷天换日的阴谋正接近成功

整个借力打力、偷天换日的惊天阴谋就是：将体制内人口学家本意是严重警告政府的极危险峰值人口 14.5 亿设定为 2030 年要达到的目标→实现时达到并力争超过→峰值时间点推后，峰值人口达到 14.7 亿—15 亿的第一必崩点。

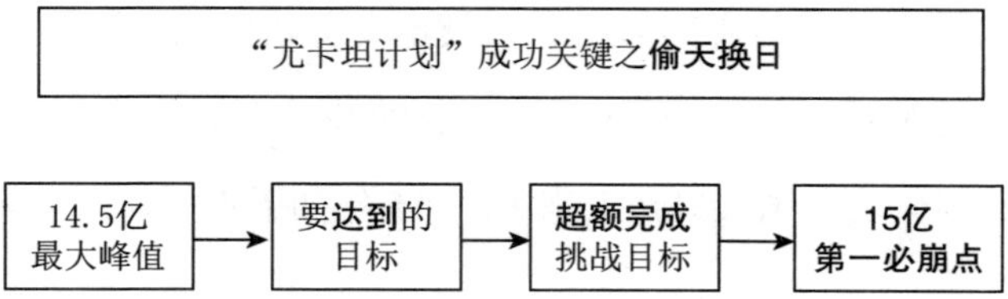

一、极限区域评估

以上战略欺骗计划成功的关键在于成功地使中国人口有效超过极限量。仅靠攻击中国人口政策就那么容易使这个目标实现吗？当然也不是那么容易的事情。

因为中国已经实行了30多年严格的计划生育政策，人口增长势头已经得到有效控制。不出意外的话，未来某个时间点上转入下降几乎已成定局。但另一方面，中国人口总量距离极限点也已经越来越近了。任何学科的理论分析与实际工程实现之间都可能存在一定的偏差，一般都小于甚至远小于理论计算的最大值。20世纪90年代，中科院地理所的陈百明等做过系统的土地承载力研究，但因其采用的方法体系主要还是属于早期的逻辑斯蒂方程方法，更重要的是他们假设的数据前提已经过去了20多年，很多已经与当前实际不太相符。例如，他们计算出的中国最大土地承载力对应的人口为16亿—18亿。但事实上，中国人均粮食消费已经远远超出当初的假设，在中国耕地现实的真实状况、水资源状况等约束条件下，中国实际发展结果的真实承载力与理论计算之间的偏差已经很明显，远远达不到16亿的最大承载力估计。对现实的结果进行的测量数据才是最可靠的决策依据，因为它不是任何理论的预测，而是事实。根据对中国现实粮食状况的实测数据，以及本文分析的人口与粮食平衡及粮食安全的关系式，未来10—15年农业技术发展的最大潜力预测，可以大致划分出中国人口在未来10—15年如下不同极限区域：

1. 小于12亿 安全区

粮食自给率在可持续发展方式前提下较容易达到100%，缺口很少，即使有部分进口，纯属调节性质。

2. 12亿—13亿 弱安全区

保持耕地最佳肥力状态下，综合粮食自给率可以保持在95%以上。粮食缺口量全球贸易占比低于 10%。

3. 13 亿—14 亿 危险区

如果要保持 90% 以上自给率，必须采用一定程度不可持续的粮食生产方式。粮食缺口量全球贸易占比稳定地超过 20%。

4. 14 亿—14.5 亿 高危区

极尽一切不可持续的生产方法，只能勉强维持 80% 以上自给率。粮食缺口量全球贸易占比已经达到 40% 左右。如果遇到大的自然天灾，极大概率引发严重的粮食供给困难。

5. 14.5 亿—14.7 亿 极危区

无论采用任何方法，已经不可能维持 80% 以上自给率。粮食缺口量全球占比已经达到 50%。如果加上天灾等自然因素，以及外来有目的的粮食攻击，崩溃的可能性极高。

6. 14.7 亿—15 亿 第一必崩点

无论采用任何方法，自给率必然低于 80%。不仅粮食缺口量全球贸易占比必然超过 50%，而且潜在蓝军可控进口量已经不可能有替代方案。即使不存在自然灾害因素，只要存在任何外来有目的的粮食攻击，整个中国社会必然因不可避免的大饥荒而崩溃。

7. 15.5亿—16亿 第二必崩点

自给率必然低于70%，需要全球粮食贸易超过60%供给中国。即使全球所有其他国家竭尽全力向中国提供粮食，不存在任何恶意的外来粮食攻击，也无法避免中国崩溃。

以上数据，与中科院陈百明、封志明等曾系统做过的中国土地承载力分析基本是一致的。“在《中国土地资源生产能力及人口承载量研究》中，我国耕地极限人口承载量的估算也是从理想角度出发的，只不过更强调现实可能性。结果是：耕地维持1.23亿公顷，粮食播面1.93亿公顷，粮食总产可达8.3亿吨，若以人均500公斤、550公斤、600公斤衡量，我国耕地资源人口承载量的最大限度分别为16.6亿、15.1亿和13.8亿。”[①]但是，一切理论计算与实际之间都是有差异的。事实上，中国现在粮食年产量实际数据是6亿吨，距离其最大理论极限值的8.3亿吨有很大差距。粮食播种面积也达不到1.93亿公顷，而实际只能达到1.6亿公顷，且耕地恶化程度已经很严重了。

理论最大值在实际实现中难以100%达到，这其实是一切工程技术中都会存在的问题。并且，距离最大极限值也必须留有一定的余量，这也是一切工程技术中都要遵守的普遍原则。因此，目前的粮食产量其实已经处于最大实际极限位置。如果中国人均生活水平进一步提升，达到人均600公斤粮食消费，按现在6亿吨粮食产量计算的最大人口极限值只有10亿！

最大极限值不是一个可以去挑战的目标，而是需要留有余量远

① 封志明:《土地承载力研究的过去、现在与未来》，中国土地科学，1994年5月。

离的崩溃点。但现在这一概念已经成功地被忽悠成挑战和必须超额完成的目标了。当一个人整天硬逼着你一定要将车的重量增加到把即将通过的桥压塌的程度，目的是什么就不用再继续详细讨论了。

二、模糊要点，瞒天过海

1. 最关键的资源就是土地

怎么就能通过攻击计划生育使中国人口达到可以成功进行粮食攻击的程度呢？首先得确定一个合适的目标。15.5 亿—16 亿的第二崩溃点太高，且需要的时间太长了，变数太大，不太容易达成。布朗当年在《谁来养活中国人》一文中就是以 2030 年中国 16 亿人口为估算前提的，现在看来因中国计划生育的成功执行，这个目标远远达不到。如果在 14 亿以下发起攻击，虽然有可能对中国产生一定冲击，但成功概率不能确保。不仅有可能达不成目标，反而打草惊蛇使中国从此清晰明白了粮食安全的限度，全力采取各种措施后使这个机会永远丧失。因此，使中国人口进入 14.5 亿—14.7 亿的极危区域内，最好是达到 15 亿左右开始“布朗行动”总攻和展开后续“尤卡坦计划”是一个最佳的选择。

怎么能成功忽悠中国人和决策者呢？首先要把概念搞糊涂。针对过去人们认为中国人口多导致人均资源量低的担忧，看看他们是怎么忽悠的。

财新网，2013 年 3 月 11 日的《人均资源少不少——全面放开生育与自然资源（一）》一文是这么说的：“中国大多数自然资源的人均占有量低于世界平均水平，这在中国人尽皆知。但这种比较有很大的误导性。由于自然资源的分布极不均匀，少数资源丰富国会拉高世界平均值，使其失去代表性意义，导致绝大多数国家的人均资源都要远少于世界平均……实际上，在上述每项自然资源上，与其他国家相比，中国的人均占有量都处于世界中间甚至靠前的位置。除耕地外，人均资源高于中国的国家总人口都不到世界50%，而且人均资源高于中国的国家并不比低于中国的国家更发达。”

阴在阳之内，不在阳之对。太阳，太阴。此为三十六计之首计“瞒天过海”。把一大堆资源都放一起讨论，甚至已经公开认可中国耕地人均资源远低于全球平均水平，但混在一起讨论就全都含糊不清了，而最致命的问题就在耕地。

2. 混淆逻辑

财新网2017年7月13日文章——《世界人口日，该关注哪些人口问题》，此文作者认为“马尔萨斯的理论已经过时”，并且“大多数经济学家都认为，马尔萨斯主义者的人口统计学和经济学理论，只适用于世界上那些还处于前工业经济阶段的最贫穷国家。世界人口发展已经进入了一个新的时代”。

当然，任何科学的理论都可以是发展的，但要宣称一个理论“过时”了，必须有科学的依据。但他们给出的依据是什么呢？

“农业不再像以前那样占据重要的地位。在发达国家，农业占GDP的比重不到5%。在中等收入国家，比如中国，农业只是贡献了经济总量的10%左右。”这种观点不仅大错特错，而且是在没有对农业进行任何研究的情况下，就去得出忽悠性的结论。根据2016年国家统计局的公报，中国三次产业占国民经济比重如图9-1所示：

如果以第一产业来看，它占国民经济的比重的确只有不到 10% 的水平。这就是此文作者提出结论的原因所在。但是，“第一产业”和“农业”之间是有巨大区别的。

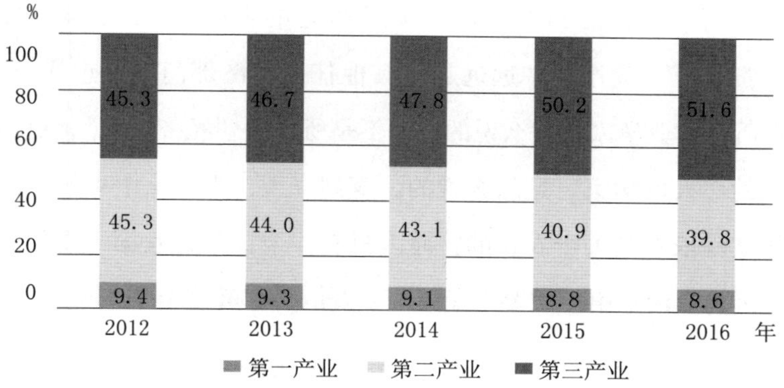

图 9–1　2012—2016 年三次产业增加值占国内生产总值比重

第一产业（primary sector），是指以利用自然力为主，生产不必经过深度加工就可消费的产品或工业原料的部门。包括种植业、林业、畜牧业、水产养殖业等直接以自然物为对象的生产部门。但是，有大量的第二产业和第三产业是以第一产业的产品为基础的。因此现在农业学界所说的农业是“大农业”的概念，甚至有农业学家提出“第六产业”的概念。

图 9–2 是 2017 年 7 月 14 日下午，在中国农机院举行的首期农业产业政策大讲堂上，农业部农村经济研究中心原主任、中国合作经济学会顾问缪建平所提供的数据。整个大农业的增加值总量是第一产业的 5—6 倍，也就是直到 2016 年，中国整个国民经济中 50%—60% 都是属于大农业概念的。人们家里吃的食物油、香肠、方便面、挂面……当你花了 100 元购买它们时，其中只有 20 元左右

是付给了第一产业，其他 80 元是付给了第二和第三产业。当你去餐馆吃饭的时候，每花 100 元餐费，其中付给第一产业的只有不到 20 元，其他 80 元是付给了中间环节和餐馆服务业。即使在发达国家，大农业的比例也在 25%—30%。以大农业的观点来看，农业在任何国家都是第一大产业，远远超过其他任何经济部门。要想谈农业，你得听听农业学家是怎么说的，而不是所谓的“经济学家”，更不是所谓的“人口学家”是怎么说的。直到今天，为什么中央每年的第一号文件依然是关于农业的？原因只有一个：就是它第一重要。不仅是因为政治上第一重要，而且最主要的是在经济上第一重要。

图 9-2　中国农机院农业产业政策大讲堂现场

最重要的是，马尔萨斯的人口论根本就不涉及农业产业的比重问题。其人口论是建立在两个基本的公理或前提之上的：

（1）食物为人类生存所必需。

（2）两性间的情欲是必然的，而且几乎会保持现状。

这两个前提与农业在经济中的占比有关系吗？一点关系都没有。这两个前提，尤其是第一个前提，和对人口总量与粮食生产约束关系的论述在今天依然是成立的。工业文明的进步并没有达到仅仅依靠工业就可以生产出粮食（例如从矿产中直接生产粮食）的地步，而必须完全依赖农业生产来获得人类生存所必需的粮食，并且还是必须依赖耕地来获得粮食。甚至单位土地的粮食生产能力比农业时代的进步非常有限[①]。

“其次，人口增加会降低生产力的这一逻辑已经不再适用于工业和服务业。”“人口增加会降低生产力”这一论点是从什么地方来的？不仅马尔萨斯没提过这个观点，没有任何人把这当作一个论点提过。关于人口与生产力的关系问题，主要是人口红利理论认为年轻人口多，会有利于经济发展，基本没人认为只要人口多，生产力就一定会降低，只有当人口总量超过粮食产量的极限时，人口的增加才会成为一个问题。

“此外，与土地不同，由于技术创新，人类已经发现了许多新型的材料和能源。”又瞒天过海地绕开最关键的土地资源了。况且，马尔萨斯的人口论讨论过能源和其他材料问题吗？恐怕没有吧！他谈的就是粮食与人口总量的问题。

“在现代服务业和信息技术领域，对自然资源的需求更是弱得多，互联网和娱乐行业对自然资源的要求就更少了。”马尔萨斯不是

---

① 参见本书附篇一《不研究粮食的统计学者不是好人口学家》。

谈互联网和娱乐对自然资源的需求，而是谈人口对粮食的需求，与互联网何干？

“最后，在后工业时代，与马尔萨斯的预测恰好相反：随着人们越来越富裕，父母越来越不愿意多生孩子，人口爆炸的现象消失了。”只有这一点理由是稍微沾点边的。马尔萨斯人口论的第二个前提在今天同样是成立的，但以此得出人口必然以几何级数增加的结论的确是不再成立了。原因并不完全是生育意愿发生了变化，而是避孕技术的大量采用，使得两性间的情欲虽然依旧是必然的，却并不一定会导致怀孕和生育。从这个角度说，马尔萨斯的理论的确在今天不完全适合，但必须清楚地明白它不适合的地方在哪里，从而才可明白它继续适用的地方是什么，这样才是科学严谨的态度。我们之所以不建议过多强调生育意愿的问题，主要是因为对生育意愿的科学研究远远比出生率、死亡率等客观数据的研究要困难得多。根据中国人口史学家们普遍认可的资料，在中国古代历史上，当人口总量超过粮食极限时，社会上会存在大量溺婴行为。显然，这种现象的普遍存在表明那时人们并不愿意生孩子，但在没有避孕技术的年代，两性间的情欲与生育之间的关系是刚性的。当人们受教育的程度提升，以及经济发展之后，生育率会降低，这究竟是生育意愿的降低所致，还是因为这些人更普遍地掌握了避孕技术，是需要更进一步分析研究才能弄清楚的。另一方面，近代医学的发达，使得死亡率极大下降，这又有助于人口总量的增加，这也是与马尔萨斯时代有所不同的基本前提。这使今天的人口增长出现远比马尔萨斯时代更为复杂的情况。但是，人口增长方式的改变并没有改变马尔萨斯人口论最根本的人口总量与粮食总产量之间的基本关系。

现在已经有相对论和量子力学，从这个角度说，牛顿力学已经不完全适合，但能因此说牛顿力学完全过时了，可以完全抛弃和彻底否定了吗？绝对不是。不仅如此，我们今天使用牛顿力学的场合远远多于相对论和量子力学。有谁见过建房子、造汽车、生产船舶的时侯竟然使用的是相对论而不是牛顿力学？

“这样低的生育率水平，对于任何一个国家来说，都是不可持续和危险的。”人们一定要清楚，马尔萨斯的人口论关键是人口总量与粮食总产量之间的关系，而不是去强调一时的生育率是多少，甚至也不是一时的人口增长率是多少。如果将问题的焦点从总量上移开，由此得出的一切结论都必然是荒谬的。

3. 比率武器

在进行经济分析时，有很多比率的指标，以反映特定的对象。但是，比率的逻辑含义本来就很容易混淆，如果故意去人为误导，就更容易把它作为一种武器使用了。以农业在整个国民经济中的比率越来越少，去证明农业不重要，就是这样一种武器。马尔萨斯的人口论谈的是食物，既不是第一产业，也不是整个农业。因此，如果要谈与马尔萨斯人口论相关的产业经济规模的话，最严谨和精确的研究对象应该是食物经济规模。以下我们就通过对食物经济规模和相关的各种比率问题的分析，使读者明白这种武器是如何使用的。

2015 年，中国 GDP 为 68.6 万亿元人民币，第一产业增加值为 6.1 万亿元，占比 8.8%，如果从这个占比看的确不大。

从三次产业的名义 GDP 增长率对比分析来看，第一产业的确在较多年份低于其他两次产业，只在极少年份超过。

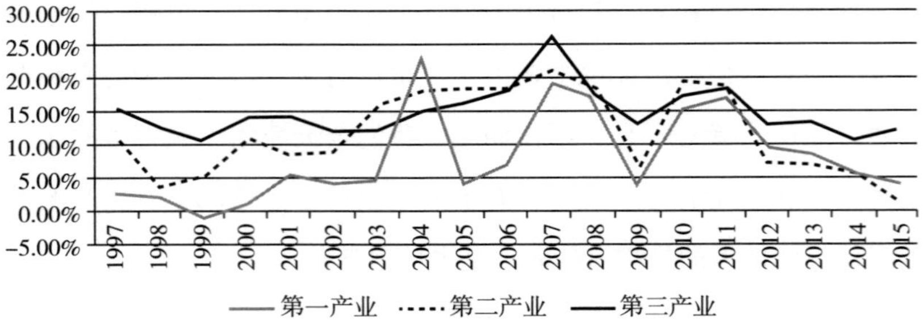

图 9-3　三次产业的名义 GDP 增长率对比分析

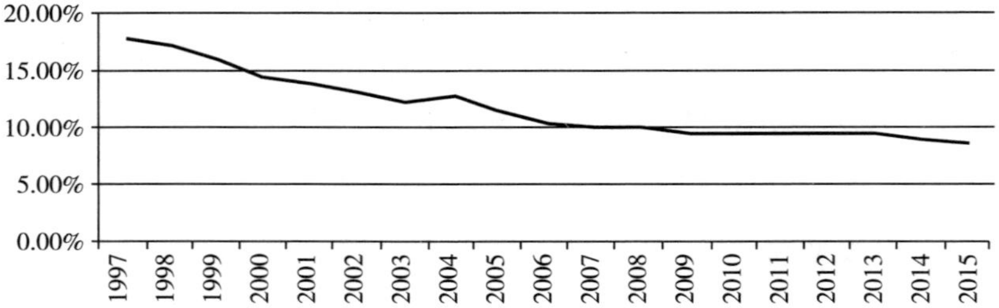

图 9-4　第一产业名义 GDP 占比变化

第一产业在 GDP 中的占比的确在持续下降。1997—2015 年，从占比为 17% 下降到 8.8%，下降了约一半。

其实，第一产业中种植业的木材、橡胶、棉花等，养殖业的毛皮等并不是食物，因此它们与马尔萨斯人口论的关系也不是主要的。所以，从最严格的逻辑上说，仅从整体上讨论第一产业与马尔萨斯的人口论的关系是有一些问题的。不过非食物的农业在整个第一产业中占比不是太大，所以我们就不深入讨论了。

我们再来看看作为工业的食物产业量是什么规模概念。2016 年，中国规模以上食品工业（不含烟草）总产值 110986.2 亿元，同比增长 6.5%。在国民经济工业各门类中，食品工业长期列第一位，只是最近两年与电子信息制造业基本并列为两大超过 10 万亿规模的工业门类。如果是算整个农产品加工业，那毫无疑问还是绝对第一位置。对比一下其他几个大门类的工业全行业总量情况（如无特别说明的都是 2016 年数据，数据来自工信部网站）：

表 9–1　工业门类收入规模对比

工业行业	主营业务收入总规模(万亿)
全部有色金属	6
建材	7.6
化工	8.8（2014 年数据）
汽车	8.33
软件和信息技术服务业	4.9
电子信息制造业	12.03
家电	1.46
纺织	7.07（2015 年数据）
医药	2.96
钢铁	2.89（2015 年重点统计企业）

电子信息制造业是包含了 21 亿部手机、通信设备、计算机、家用视听（彩电、音响）、电子元器件（含集成电路）等产品加起来的总和。

过去几年的食品工业总量情况如图 9–5 所示：

从图 9–5 数据可看出，食品工业不仅总量巨大，而且其增速长期维持在两位数，甚至以 20%—30% 这样的超高速增长。

以河南省为例，河南是中国的核心产粮基地之一。中国年产粮食 4000 万吨以上的省有 3 个，其中山东 4700 万吨，另外两个是河南和黑龙江，年产都是6000万吨左右。河南比黑龙江少大约100万吨排名全国第二。背靠强大的农产品产能，河南发展出了全国一流的食品工业，河南的食品工业产值自2006年以来居全国第二位，2015年首次超过1万亿达到10603亿，增长8.3%。仅仅这一个省的食品加工业，其经济体量就与全国整个通信行业的收入规模相当（2015年电信业收入总规模1.13万亿）。

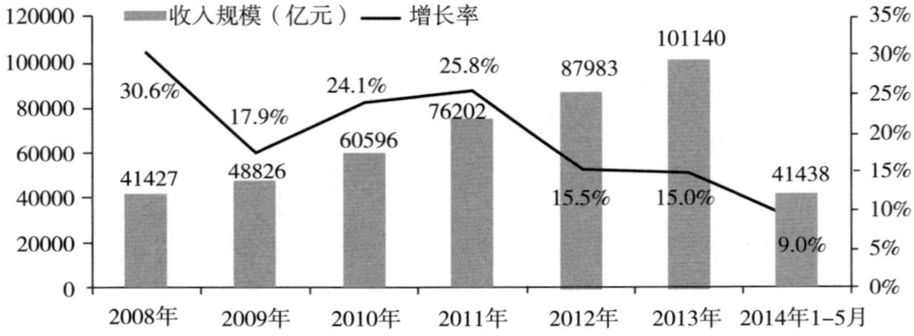

图9–5 2008—2014年5月中国食品工业收入规模（数据来源：国家统计局）

2015年整个中国工业的总盘子是多大呢？全国各行业工业总产值为90.39万亿元，食品工业占比为12.6%。根据工信部的统计数据，2015年1—12月，全国规模以上农副食品加工业、食品制造业、烟草制品业及酒、饮料和精制茶制造业完成工业增加值（现价）占全国工业增加值的比重分别为4.87%、2.17%、2.90%和2.20%。总计为12.14%，这与工业总产值的比重情况也是很接近的。

我们再来看看作为第三产业的食物经济量是什么概念。2017年6月国家统计局最新发布的社会商品零售额数据如下：

2017年1—6月，餐饮收入18546亿元，同比增长11.2%；除了餐饮以外的商品零售额 153822 亿元，增长 10.3%。而在这一块里面，还包含粮油、食品类，饮料类，烟酒类等三类与食物相关的部分。这三类在“限额以上”的统计口径中总额为 7695+1104+2202=11001 亿元，占比约为 11001/72420=15.2%。那么限额以下的是多少呢？国家统计局网站上没查到。但限额以下与食物相关的比例会大得多。但我们就算以相同比例计算，全部非餐饮类商品零售中与食物相关的部分有 15.2%×153822=23381 亿元。以上餐饮与食物零售两项加起来为 41927 亿元，在整个社会商品零售中占比为 41927/153822=27.3%！

2015 年全年，全国社会消费品零售总额 300931 亿元，比上年增长 10.7%。其中，限额以上单位消费品零售额 142558 亿元，增长 7.8%。其中粮油、食品类 1—12 月份零售额 13553 亿元，同比增加 15.1%，远高于整个社会消费品零售总额的增长率。

根据以上数据，每年中国社会消费品零售总额中，应当有 10 万亿元以上是食物。

我们可以对照一下网络经济总量。以下是 2011—2018 年中国网络经济市场规模分析：

2015 年为 11620 亿元，仅为当年食品工业的 1/10！尽管前几年持续有高达 50% 左右的增长率，但在 2016 年增长率已经下降到 25.8%。依此趋势，到 2020 年就到 10% 左右了。不仅总量远远比不上食品工业，增长速度也好不到哪里去。

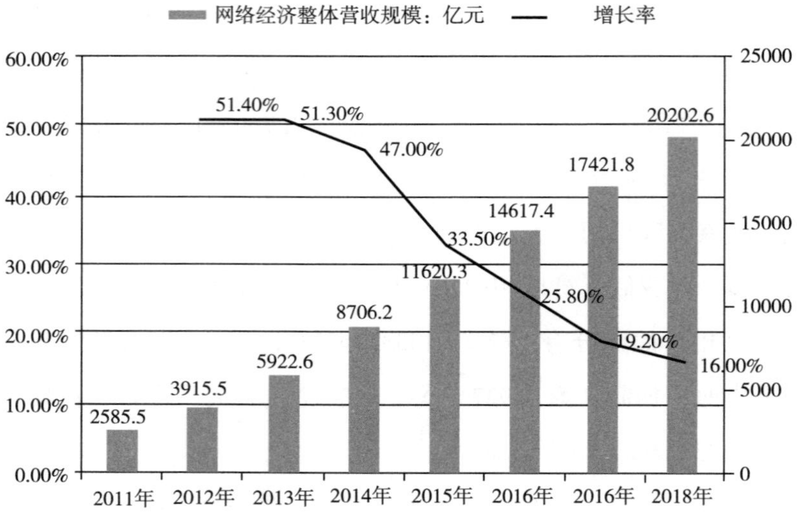

图 9–6 网络经济总量

其中的在线旅游市场情况如图 9–7 所示：

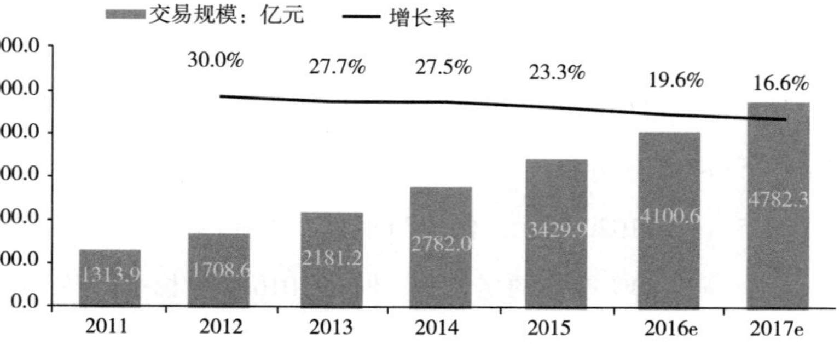

图 9–7 旅游经济总量

图表数据参见“2016 年中国互联网行业发展趋势分析”

2015 年在线旅游全部规模为 3429.9 亿元，是食品销售的 3%，餐饮业规模的 1/9。如果与整个食品三个产业经济总规模相比，只不过千分之几。

从上面数据可以看出，食物经济规模占整个 GDP 的比率的确会随着经济发展而逐步降低，可是，我们从对食物经济规模本身的分析来看，无论是总规模还是增长性都在所有行业中非常出色。这个表面上看起来的矛盾是怎么回事呢？

为了清晰地说明这个问题，我们来做一个数字游戏，看看类似“农业在整个经济中占比越低就越不重要”的逻辑为什么是极为荒唐的。

假设用 A、B、C、D、E、F、G、H、I、J 来表达不同的行业，为清楚展示逻辑关系，我们把变化规律尽可能地简化。假设 A 每个时间序列增长 10%，而其他行业一般情况下都没有增长，并且每个行业进入消费阶段后最初经济体量都是 1。在国家比较穷的时候，人们的收入比较低，因此只存在前 5 个行业的消费，随着经济增长，收入增长，可以消费的领域每个时间序列增加一个。我们可以得到表 9–2。

表 9–2　A 行业以时间序列增长情况下在经济总量中占比变化

时间序列	A	B	C	D	E	F	G	H	I	J	经济总量	A 在经济总量中占比
1	1.00	1	1	1	1	0	0	0	0	0	5.00	20.00%
2	1.10	1	1	1	1	1	0	0	0	0	6.10	18.03%
3	1.21	1	1	1	1	1	1	0	0	0	7.21	16.78%
4	1.33	1	1	1	1	1	1	1	0	0	8.33	15.97%
5	1.46	1	1	1	1	1	1	1	1	0	9.46	15.43%
6	1.61	1	1	1	1	1	1	1	1	1	10.61	15.18%

从表 9–2 可看出，所有行业中只有 A 在持续增长，相对于其他行业来说，A 的相对重要性不断上升。可是，从 A 占整个经济比率来看，却是不断下降的。其原因在于，随着经济的发展，人们收入水平的提升，进入消费的领域越来越多了。

说到这里，经济学家马上就会联想到恩格尔系数 (Engel's Coefficient)。此系数是指食品支出总额占个人消费支出总额的比重。这是 19 世纪德国统计学家恩格尔通过统计数据发现的一个规律：一个家庭收入越少，家庭收入中（或总支出中）用来购买食物的支出所占的比例就越大，随着家庭收入的增加，家庭收入中（或总支出中）用来购买食物的支出比例则会下降。根据这个原理，测算一下恩格尔系数的大小，就可以来判断一个国家或个人大致富裕的程度。正式运用恩格尔定律测量贫困线的是美国学者奥珊斯基（Orshansky）在 20 世纪 60 年代做出的。她在具体研究了美国家庭的食物开支占总开支的比例后，绘出了一条“恩格尔曲线”，并以此曲线来表征贫富程度。

联合国根据恩格尔系数的大小，对世界各国的生活水平有一个划分标准，即一个国家平均家庭恩格尔系数大于 60% 为贫穷，50%—60% 为温饱，40%—50% 为小康，30%—40% 属于相对富裕，20%—30% 为富足，20% 以下为极其富裕。按此划分标准，20 世纪 90 年代，恩格尔系数在 20% 以下的只有美国，达到 16%；欧洲、日本、加拿大，一般在 20%—30%，是富裕状态。东欧国家，一般在 30%—40%。

1978 年中国农村家庭的恩格尔系数约 68%，城镇家庭约 59%，平均计算超过 60%。2015 年中国城镇居民家庭恩格尔系数为 34.8%，中国农村居民家庭恩格尔系数为37.1%。如果承认这个规律，一个国家食物经济规模会在整个经济中的占比持续下降。但是，这里面有几个问题：

一是我们在承认一个规律的前提下，确定当前中国食物经济规模具体是多大，是否就如某些所谓的人口学家所说的农业只占10%左右？

二是作为科学的研究，并非简单地只是从理论到理论，而必须持续接受测量数据的检验。当前中国的食物经济规模是否还是与19世纪恩格尔研究这个规律，以及奥珊斯基在20世纪60年代测量美国恩格尔曲线时完全一样？

三是对这个系数的准确含义是什么必须给予准确的理解。

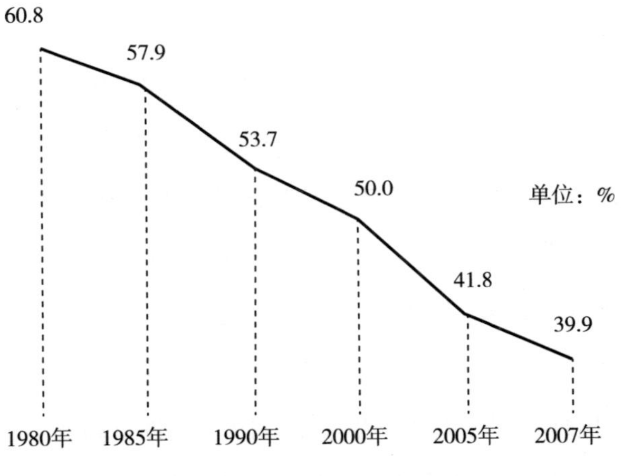

图9-8 1980—2007年中国城镇居民的恩格尔系数

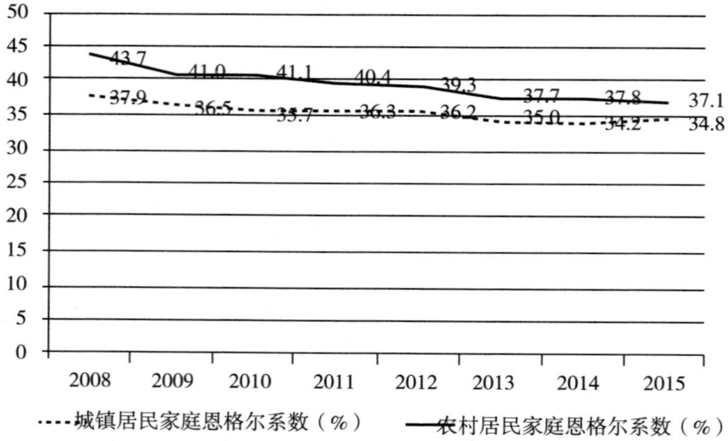

图 9-9　2008—2015 年中国城镇、农村居民恩格尔系数

从这些大的规律方面来说，中国恩格尔系数的确也是在不断下降的。但是，即使如此，2015 年食品消费在个人总消费中的比例依然在 35% 左右。

对于恩格尔系数，中国学术界在讨论问题的另一个方面，就是“恩格尔系数失灵”的问题。失灵是指中国的恩格尔系数与以往其他国家的经济发展阶段相比较来看有些偏低，就是从实际测量的中国恩格尔系数来看，显得比实际人均 GDP 对应情况更加富裕。原因很可能在于到现代，人们可以消费的领域越多，这样就会显得食品的消费在总消费中的比例偏低。19 世纪没有智能手机，20 世纪 60 年代也没有，但现在很多人买苹果手机。19 世纪没有高铁、互联网……现代都有。因此，食品消费比例降低的主要原因不是人越富吃得越差，也不是经济越发展，食物经济的重要性越低，而是越富裕，科技越发达，可以享受的东西就越多。

学术界都是把恩格尔系数作为表达贫富程度的指数，从来没人把它作为食品行业在一国经济中重要程度的指数。一个行业在经济中的地位和重要程度，是它的经济体量与其他行业经济体量的同等条件比较，而不是与整个经济体量相比较。如果是与整个经济体量相比较，一个行业只有在兴起的最初阶段、从无到有、从0到1时在经济总量中的比率是上升的。一旦进入稳定发展阶段，即使它依然保持较好的增长状态，一般来说都会因新经济因素的不断进入而在经济总量中的比率不断下降。如果用占经济总量的比率来看问题，几乎所有进入稳定发展阶段的行业都是越来越不重要的，岂能有如此逻辑？

从这里我们就可以清晰地看出，那些所谓的人口学家为什么总是习惯于用比率来说事儿，因为通过它们可以很容易进行错误的理解，由此带来极为混乱的结论。例如：

中国总人口占世界总人口的比率，总和生育率……

以上比率本身都是一些客观的指标和数据，问题只在于逻辑上该如何准确理解其含义。中国总人口占世界总人口的比率能用来表征中华文化重要程度吗？只要拼命生孩子提升这个比率就一定能让中华文化崛起吗？这个比率降低了就一定会毁灭中华文明复兴的远大前程吗？这样的逻辑就像认为食物在整个经济总量中占比越低就越是表明食物经济产业越不重要一样，显然是荒唐至极的。总和生育率是一个过程中的指标，对人口问题来说，最关键的是人口总量与粮食等资源总量之间的矛盾，离开这些去谈比率就必然导致逻辑混乱。

对不起，又忘了，我们现在是蓝军，是蓝军。千万别告诉别人以上绝密信息。

三、对中国人口终极绝杀之“偷天换日”

1. 将不能超过的界限偷换成必须达成的目标

最新人口《规划》中，对中国人口目标是这样表述的：2020年达到14.2亿，2030年达到14.5亿。为什么有这个目标？中国人口学家过去一直采用相对保守的预测方法，因此对未来人口的预测一般都是偏向于最大可能值。14.5亿的峰值人口，本意是体制内人口学家强烈警告政府的极危险人口峰值，那好，就采用人口学家预测的峰值人口作为制定目标的依据，你体制内还想继续坚持计划生育的人口学者们就百口莫辩、没话说了吧？2020年达到14.2亿这个目标表述还算过得去。但至关重要的是，2030年“达到”14.5亿就很有奥妙了。另外的地方已经表述过2030年是达到峰值人口的时间点。峰值也就是最大值，过了这个点之后人口应该下降。因此，最准确的表述应当是2030年“不超过”14.5亿，“不超过”这个表述是极其重要的，但在这里却用“达到”含糊了。以后就可以逐步含糊掉峰值的绝对重要概念，而只强调要“达到”。

普通GDP目标一般是“制定时留有余地，实现时力争超过”。如果以后刻意歪曲，将14.5亿人口的“最大限制”刻意含糊理解成“必须完成和超额完成的任务”，那性质就全变了。

例如，到2020年时，如果人口为14.15亿，大家一看，没达到14.2亿，而且从当时实际数据看，人口增长势头将会下降，2030年可能峰值点时是14.35亿，这怎么算呢？“达不到”14.5亿啊！那就加油干，鼓励生吧。到2030年时，实际人口为14.48亿，“勉强达到”了是吗？这算很好地完成了《规划》的目标了吗？但是，当年人口净增量是在530万，而且还在不断加速。结果，到真正峰值点的时候，时间推后到了2035年，人口峰值上升到14.7亿—15亿，成功进入第一必崩点位置。这个偏差极其微小，只要增加2000万—5000万，就大功告成了。

2. 再将必须达成的目标偷换成必须超过的任务

财新网2017年1月29日文章——《春晚造势　新人口规划预示将全面鼓励生育》，文中结尾就说：“如本文详细分析所示，实施这一规划需要在两年内就全面放开并大力鼓励生育；即使这样，要实现人口规划的主要目标依然是逆水行舟，艰难无比。至于这一涉及中华民族复兴大业根基的人口规划将如何实施，最终的成效如何，我们将拭目以待。但我们相信执政党有担当、有信心、有能力力挽狂澜，逆转中国的人口颓势。”

2017年到2020年有4年时间，2016年年末人口总量大约为13.83亿，这样2020年要达到14.2亿的话，需要新增3700万人口，平均每年要净增925万。这个净增量远超过过去10多年的每年净增量。所以说“艰难无比”的判断那是“相当准确”。我们不去太多预测2020年实际发展情况是什么，而是给出各种假设情况下的不同操作方式。

如果“达不到”，正如前面所说，那就可以大力炒作“完不成人口《规划》的任务”。如果达到了呢？很可能的情况是2017年、2018年净增人口因全面二孩政策效应滞后的释放而达到峰值，年净增量超过1000万，而后在2019年，尤其2020年有明显的下降，到700万左右。好了，这又可以拿来吓唬政府和社会了，你看，一年之内净增人口“狂跌”近400万，这样下去那还得了！到2030年人口不是达到14.5亿，而是在两三年后就转入“断崖式下跌”“人口总量崩溃”了。所以，无论2020年14.2亿的目标是否达到，都可以用当时的数字来吓唬人们完全放开计划生育限制。可是，从2020年到2030年还有10年时间，这足够操作让中国人口按计划“达到14.5亿”，稍微努力一下再超2000万—5000万就可以了。因此，强烈呼吁2018年，最迟2020年完全放开计划生育就成为此目标能否实现的关键中的关键。

3. 不能废除计划生育政策就废除它的效力

能够成功推动中国政府完全放开计划生育是最佳的成果。但如果因有反对声音的存在，始终无法做到怎么办？因此，不能完全将希望寄托在完全否定和放弃计划生育上。计划生育政策之所以起作用，就在于它是一个法律，如果超生的话，会受到以这个法律为依据的处罚，主要就是“社会抚养费”等。因此，可以大力地攻击“社会抚养费”，使其被妖魔化而实际废掉。这样，虽然国家的法律和政策是“全面二孩”，但如果就是生了三胎及以上也没什么处罚的话，那就等同于废除了计划生育和实际突破了全面二孩。一旦达成这种实际效果，再在社会上大力鼓励生育，就可以实际达成布朗计划甚至“尤卡坦计划”的战略目标。这样中国生育的实际操控权，就可通过舆论控制而全面转移到“布朗行动”小组手上。

此计就是对中国人口进行终极绝杀之“偷天换日”。这几年每年人口数据出来以后，无论新生人口是多少，中国媒体已经众口一词“政策遇冷”！大家知道原因是什么了吧！这透露出的信息是令人震惊的：在这个问题上，中国社会空前一致，无论主流媒体，还是民间网络大V都在攻击计划生育政策，这充分表明几乎整个中国主流及民间网络媒体已经被布朗计划小组高度掌控，已经在相当大程度上成为僵尸。

4. 偷天换日计划总结

整个借力打力、偷天换日的阴谋总结下来就是：

→将体制内人口学家严重警告政府的极危险峰值人口14.5亿设定为2030年要达到的目标。此行动已经成功实现，更重要的是这充分表明中国政策制定和决策层里已经有相当多的精英人士被成功忽悠。

→利用2020年14.2亿目标完成情况推动完全放弃计划生育政策。即使不能实际放弃，也可通过攻击“社会抚养费”等计划生育的硬约束措施，在实际上完全废除计划生育的实际约束效力。

→ 2030年14.5亿的目标全面超过。

→峰值时间点推后，峰值人口达到14.7亿—15亿的第一必崩点。

只要过了第一必崩点低值14.7亿，布朗行动第二阶段之后的行动就可开启，同时伴随其他战略欺骗和干扰，如美国放弃支持台湾使中国完成统一等让中国处在极度的成功亢奋之中，对中国的经济建设成就全球一片赞扬之声，对中国解决贫困问题成功以“令人感到不可思议”的口吻一片赞叹声。到布朗行动转入第三阶段，开始发起总攻时，就是中国发现已经身处绝境，想回头也晚了。计划生育政策早已经完全放弃，或者，即使没有完全放弃也形同虚设，那时人口总量已经接近15亿，甚至开始向第二必崩点位置迅速迈进。

四、中国人口决策传统专业支柱已经不稳

由于传统中国体制内人口学家只是单纯在人口统计学范围内做文章，并且大多采用相对保守的预测参数选择，这使其估计值一般都偏大。在过去，这样的研究方法可以使中国提早采取规避措施。但在今天，单纯继续这样的研究方法，因人口统计学本身的脆弱性，加上“1缺3的专业不对口”问题，不仅不能再为中国人口决策提供准确的参考支撑，转而成为被整个中国知识界攻击和嘲笑的对象，甚至于反过来成为布朗行动小组借力打力，被利用来作为提升中国人口峰值的工具。在目前需要精确地计算人口峰值点，以及相对于粮食安全的最精确关系的时候，中国体制内的人口学家体系却已经失去专业支撑能力了。这给外来的攻击实现重大的成效提供了最佳的机会窗口。

1. 决策支撑指标体系设置存在天大安全漏洞

尽管在新人口《规划》中强调要“强化人口数据支撑”，但只涉及纯粹人口统计学的相关数据，其表述为“以加快国家人口基础信息库建设，整合分散在教育、公安、民政、人力资源社会保障、卫生计生、统计等部门的人口数据和信息资源，实现就学升学、户籍

管理、婚姻家庭、殡葬事务、就业创业、生育和健康、人口普查和抽样调查等人口基础信息的互联互通、动态更新和综合集成”。最为重要的“粮食缺口量”“粮食缺口全球占比”以及其他粮食安全指标等关键数据却不在其视野范围内。如果只以纯人口数据作为决策的基础，假设在发现出生人口数量出现显著下降后，该如何决策？是否就单纯以此数据为参考，就决定完全放开一切人口限制，完全鼓励生育，而完全不顾及粮食供给具体状况？如果这样，其决策数据支撑体系本身就存在天大的安全漏洞。那样的话，未来出现出生人口显著下降就不是人口总量会下降，而是一次让中国人口再次暴增的重大机会了。

2. 认清现实

中国人口必将进入高危区，极大概率进入极危区域，如果处理稍有不慎，撞上第一必崩点本身就已经是大概率事件。艺高人胆大，通过极危区域并不表明一定会出事，但如果你根本没认清越是在这样的路段上越是容易遭受埋伏，没看清前方道路的凶险，甚至反过来认为车开得还不够快，那么翻车、沉船就成为极大概率甚至是必然事件了。

令人担忧的是，有太多迹象表明中国知识界、媒体、中国人口学界、政府决策层并未完全清楚理解这一现实，甚至可能已经在极大程度上被布朗行动小组掌握。中国人口周期性大崩溃的历史[①]很可能再次重演，社会大动乱，亿万人的大饥荒和死亡灾难近在眼前。

① 参阅汪涛著：《生态社会人口论》，人民出版社 2015 年版。

第十章　拯救中国，拯救自己

小学民科不可怕，初中民科也不可怕。留美博士民科、教授民科、博导民科才是真可能害人无穷的。

一、作者的心里话：继续研究计划生育主题纯属被现实危机逼的

看过我写的《生态社会人口论》的读者就会明白，最初写这本书的主题和目的并不是专门针对计划生育政策，而只是把人口与极限的关系作为我研究的循环因果律一个实际的科学案例。在出版完此书后紧接着出版了《纯电动拯救世界》（原为电子版，2018 年重新出版，新书名为《纯电动：一统天下》）《超越战争论》《实验、测量与科学》，主题都与人口关系极小。一个人真正的科学态度是在没有掌握确切的科学证据之前，不能太武断地下结论。我在《生态社会人口论》中，只是肯定原来计划生育的历史作用是不容否认的，并从一般数学规律上建立了人口极限方程组。但因缺少农业等相关

数据，并不确认现在和未来中国人口政策到底掌握到什么程度为宜。但是，当我通过农业投资协会、智慧农业协会等组织的活动与大量农业种植、农业机械等各农业领域的专家，以及多个有20年以上种粮经验的种粮大户等沟通交流，查询大量粮食的数据资料后，我越来越感到问题的紧迫和严重。在仔细研究了农业和粮食问题，以及相关战略安全问题之后，我确信不能不把中国的人口和粮食战略安全问题现状讲清楚了。

网上现在已经分为“挺计派”和“反计派”的激烈争论，事实上不应该这么划分，而是“避免灾难派”和“促进灾难派”之分！

道理很简单，中国这艘巨轮已经处在承载量的最大极限点附近位置，我自己也在船上，现在竟然有人突然跑来说船的承载力是无限的，所以不加任何前提地极力污蔑载客量控制，鼓励更多人无止境地上船。你想干什么？明摆着，如果船被压沉了，巨轮上所有中国人包括我自己都可能会被淹死。令人惊讶的是，我在观点交流中发现，中国居然已经有那么多知识分子精英、媒体人、政府官员都已经深深接受了从战略家、专业的人口生态学家看来显然属于忽悠，甚至不怀好意的观点，这不能不让人担忧。

二、作者不是计划生育的盲目支持者

请读者千万不要把本书作者简单地当成“支持计划生育”，甚至对人类的生育漠不关心的人。只讲一个小例子，在我负责公司国际市场的某一年，新设立一个发达国家区域市场总监的机会。有一位女同事是老员工，非常精干，很希望能得到这个职位，但内心也有些矛盾，因为已经29岁了，还未生育。无论是从公司角度，这位女同事个人家庭的角度，还是作为同事和朋友的角度，我都力劝她最好决定生育。钱是赚不完的，但女人的黄金生育年龄这是不可抗拒的自然规律。既然已经有想生育的想法，29岁是最后的黄金生育期。如果晚了产生问题，尤其产生不可解决的遗传缺陷的概率就会越来越高。到35岁以上就属于高龄产妇，一旦生出有天生缺陷的孩子，那可是一辈子的事情，千万不要被其他事情所干扰。她听从了我的建议，现在已经有了一个健康的宝宝。

虽然计划生育政策与人的生育密切相关，但国家只是给出一个最大范围，具体决策是个人的事情，千万别让对计划生育政策的看法去干扰事关个人一辈子命运的事情。在这个事情上别去听任何人的忽悠，得完全尊重科学。

三、一切权利都是相对的

生育是人类最强烈的情感之一，生育权也是人的基本权利。但千万别把这个与计划生育政策搅在一起。一些法律专家甚至律师以生育权为名去反对计划生育政策，实在是有损作为法律专家和律师的名声。什么是法律？一切法律对权利的保护其实都同时是对其他权利的约束。与生育最密切相关的是人对性的欲望，能说性欲的满足是人的权利和自由，就可以不加任何限制地随便去满足吗？问题只是在于这个约束的合理界限在哪里。如果不仔细讨论这个权利与限制的界限科学依据是什么，就以“性欲权”为名去要求取消一切形式对性欲满足的限制，这是正常的法律专家和律师能说得出来的话吗？那些所谓法律专家和律师明摆着是对自己专业最基本的原理都不顾忌地忽悠人嘛！

四、对人口政策的科学建议

1. 人口政策应当避免大起大落，从一个极端走向另一个极端。保持定力，平滑过渡，避免中国人喜欢走各种极端的顽固恶习，是近40年中国改革成功最重要的方法论。人口政策的成功同样如此。

2. 从具体政策建议上说，对最严格的一胎制做出适时的调整是当初推出政策时就确定的。推出“单独二孩”，其时间点选在2013年年底也基本是适当的。

3. “全面二孩”推出也是必要的，但时间上已经稍显仓促，如果再晚三五年，待单独二孩政策充分释放，此政策全面推出后，人口净增量保持平滑下降才是最佳选择。虽然如此，此变动产生的偏差还不算太大。

4. 中国人口渡过峰值点之前，都属于危险期。如果在此期间对人口控制的导向急速地全面转为鼓励生育，那就可能犯极其严重的错误。

5. 鼓励生育的政策并不是绝对不可采纳的选项，但必须是在中国人口渡过峰值的极度危险点之后。正好在洪峰要到来之前，却人为地尽全力加大注入河道的流量，人为去叠加洪峰，这明摆着是要照着把河道冲垮的目标在努力。因此，至少在2030年之前，不应再匆忙地放松计划生育控制。

6. 即使到了2030年之后，也不应完全放弃计划生育，而应改为“全面3孩”，放弃对少数民族4胎的优惠。此后再经过20年过渡，可改为“全面鼓励生育，最多4孩”这种鼓励与总量限制双重并举的政策。长期目标是保持中国人口总量在长时期内（至21世纪末）缓慢下降的总体态势。在整个21世纪内，都不应完全放弃计划生育，避免部分人生育过多。

五、对现阶段人口政策调整的客观评估

在人口政策实施后的效果评估上，新的全面二孩政策推出后，净增人口量最大时不超过800万才是适当的（比推出前最多高出100万），而不能接受任何“政策遇冷”的忽悠。2016年人口总量净增已经达到820万，稍有些过热。这个政策推出后希望看到的结果就是全社会冷静以对，人口净增量平滑下降，最终过渡到2030年人口总量达到峰值后进入下降通道，而不是要让中国人口永无止尽地稳定增长下去。2030年达到14.5亿是绝对不能突破的值，而不是“一定要达到并力争超越的值”。另一方面，为了平滑过渡，并不是说我们就支持峰值人口越少越好，但14.5亿可以，14.4亿、14.35亿也可以甚至更保险。

在目前中国人口政策决策空间余量极为狭窄，同时又明显受到敌对势力有计划地战略欺骗强烈攻击情况下，更应保持高度警惕和定力。

六、计划生育事关重大，不是一个普通学术问题

计划生育是邓小平当年亲自领导制定的，在 30 多年的时间内是作为地方各级政府最高领导唯一具有“一票否决”地位的“国策”。这表明了什么？一是这个政策执行难度极高，被称为“天下第一难”，二是如果这个工作没做好，对中国前途命运影响极为重大，**后果极其严重**，这绝不是一个一般的学术问题。

从科学的学术角度来说，人们可以去反对某个理论，也可以对计划生育提出合理的批评。但是，不能以完全的纯粹外行的方式去反对和批评。在科学的真理面前人人平等，正因为如此，在具体的科学真理面前人和人是完全不平等的。人家专业人员在某个问题上花费了一辈子的时间去研究，如果一个外行一上来什么研究工作也没做过，什么专业资料也没搜集过，却要求和别人一样的发言权，这能算平等吗？

那些所谓的“人口学家”所做的事情不是要“**调整或改进**”这个工作，而完全是想彻底否定它，要让它做不下去，并且要将事情往这个工作完全相反的方向发展。这不是一个可以随意表现自我的领域。

现在中国离人口峰值点也就不过 15 年左右时间，7 亿吨粮食消费量却已经有 1 亿多吨进口，且进口量一直在快速地持续上升，粮食综合自给率已经不可遏制地接近 80% 的绝对安全红线。未来中国人口进入极危区域的趋势本来就几成定局。就算有些人说的人口多的好处全是对的，只不过再稍微等 10 多年时间，等中国过了人口峰值的极度危险点，再鼓励人口增长天就会塌下来吗？为什么要在中

国粮食安全状况已经如此危如累卵的情况下就等不及这区区 10 年时间，等人口总量压力减缓到稍稍低于极限量再做出改变呢？这不是一个可以从哲学上漫无边际地讨论“中国人口发展到 20 亿、30 亿纯属较真”的问题，而是就在未来 10—15 年，14.5 亿与 14.7 亿之间的极其微小政策目标偏差就可能导致生死之间天壤之别，必须以完全科学的态度给予极其准确判断和决策的问题。

如果说因为人们的生育意愿因素，生育率并不会大幅度上升，而这与未来 10 多年中国最佳人口政策选择冷静的需求又是吻合的，为什么不尊重人们的这个生育意愿，而要想去改变和加速？如果说政策限制生育与生育意愿相违背，为什么不认为盲目去鼓励将以另一种方式违背人的生育意愿？

七、对读者朋友们的呼吁

1. 科学理解人口问题并不难

此事并不是简单涉及一个国家普通的政策问题，而是事关你我和子孙的性命。你我都在中国这条大船上，眼看有人要死命地让这条船陷入很可能沉掉的境地，你我还能再保持沉默吗？人少一些最大不了只是钱多点少点的问题，而一旦人多到没粮食吃那就是能不能活下去的问题。如果这事儿平心静气地讨论和解决，并不难搞明白。但现在明摆着中国人口在向峰值点推进，粮食综合自给率和粮食缺口量已经开始触碰绝对安全红线位置时，却有人说别管船会不会沉，先尽可能地挤上去更多人再说。这后果是什么难道还不够清楚吗？我们绝对不是支持无条件地推迟放开计划生育限制，而只是要人们清楚放开这个限制的准确科学条件和前提是什么，呼吁更多人关注和科学地研究清楚这个问题。尤其是当前这个决策的合理空间极其狭窄时更需如此。但这个并不复杂的问题显然已经受到极不正常的干扰而变得模糊不清，并且这些干扰和忽悠因其用心太深，其可动用的资源量又极为庞大，的确已经把大量中国普通民众、知识精英、传统和网络媒体甚至人口专家、政府决策层搞糊涂了。

曾有一位学历很高的网友在看了我研究粮食的文章《不研究粮食的统计学者不是好人口学家》之后，有些指责地问我为什么不引用宋健的文章，并且算是好心地把宋健的文章发给我。这一看就知道他是通过一些纯外行以"野史"和政治八卦的视角写的书来了解相关知识的。网友们如果想知道什么才是整个人口生态学专业发展过程，建议看一看本书第九章中封志明对承载力研究的发展过程介绍（《土地承载力研究的过去、现在与未来》），对人口生态学，土地承载力方法，20 世纪 90 年代初由加拿大大不列颠哥伦比亚大学规划与资源生态学教授里斯（Willian E.Rees）等提出的生态足迹（Ecological footprint，EF）等研究方法作一些了解。这些才是真正科学和内行人研究的东西。

2. 提升科学素养，严防"留美博士民科"害死人

小学民科不可怕，初中民科也不可怕。留美博士民科、教授民科、博导民科才是真正害人无穷的。前者最多只能增加一些笑料，而后者才是真正能骗住人的。小学民科最多把别的小学或文盲水平的人给骗了，本事更大点儿的真能把初中甚至更高点儿文化水平的人蒙住。但留美博士，尤其美国常青藤学校的博士，很容易就把别

的中国博士、教授、博导，更别说硕士、学士以下文化水平的人给蒙住，甚至可以把别的留美博士后都给蒙了，以此继续蒙住大量媒体、政府官员、人大代表，甚至真正的人口学者和人口决策者。

一个小学文化的人如果说他可以发明永动机，在今天的中国99.99% 的人不会拿他真当回事儿。但一个留美妇产科博士后凭“孕妇产道是可伸缩的，没有极限，所以中国人口没有极限”，一个留美经济学博士的企业家，从来就没对粮食问题做过任何研究，属于对人口生态学纯粹的外行，仅仅凭历史上人口极限的研究数据不一致，就宣称“适度人口论”不成立，居然那么多中国科学界的正牌博士、博士后、教授、博导都深信不疑。一个新闻学的教授，可以在中国顶级的大学校园里公开宣称“我们新闻界共同体认为你们科学界共同体不靠谱”，居然可以得到分子生物学博士公开赞同和支持。有人说“因为人总是要死的，所以警告人最终会死纯属毫无意义的空想”，因此他就来要你不顾死活地超越极限、马上自已作死。居然很多正牌的博士还就真被糊弄住，以为他说的人们应该马上自己作死的结论是很有道理的……这就是中国知识分子群体科学素养的现状。

中国亟须提升科学素养的不是还处于扫盲阶段，或刚完成扫盲的大众群体，而正是自以为受到系统科学训练，自以为科学代言人的学士、硕士、博士、博导、教授群体。因为后者会深刻地影响整个中国，他们科学素养上的任何微小缺陷都可能酿成惊天大错。

30 多年前在总设计师邓小平领导下就对中国人口以最大力度踩急刹车，到今天中国人口还在以每年增长 700 万—800 万速度向前猛烈冲击，而前方不远就是万丈悬崖的时候，却有人呼吁应该无条件地赶紧放开所有人口刹车，并转而把油门踩到底，这怎能不让人忧心如焚和高度警惕?

无论你对计划生育的负作用有任何客观的看法，我们都表示尊重、理解，甚至认同。如果你对个别人口学家、曾经的个别计生委等部门工作中的特定问题有任何客观的看法，我们表示理解甚至认同。但是，如果你以这些具体细节的问题为前提，去帮助敌方将中国推向灾难的深渊，我们不能理解，也不能认同，更不会答应。道理很简单：因为我自己和家人也在这艘船上。

过去被骗是骗子的用心险恶使他人成为受害者，而在知道被骗后还接受其骗术继续去骗他人，那自己就可能成为助纣为虐的罪犯。

八、“1+3”的人口决策支撑体系

1.“1+3”的人口专业知识体系

过去几十年的发展历史充分证明：如果中国自身建立了完善且科学的决策支撑体系，即使国外敌对势力进行强大的战略欺骗和无界战攻击，也不能把中国怎么样。但遗憾的是，中国人口领域决策支撑知识体系上的确存在一些重大的致命缺陷。要想弄清楚中国该去采取什么样的人口政策，必须首先搞清楚确定这些政策的科学决策依据是什么，需要哪些科学的专业学科知识体系来支撑。

之所以要搞计划生育，本质上就是因为人口总量与资源量，尤其粮食生产能力之间存在根本性的矛盾。要科学地认识清楚这个问题，逻辑上其实极其简单。计划生育系统的科学理论支持最初来源于马尔萨斯的《人口原理》，简单说就是人口的几何级数增长与粮食生产的算术级数增长最终必然产生矛盾。人口变化是人口统计学专业学科解决的问题，而粮食生产是农业学科解决的问题。后来罗马俱乐部又增加了人口增长与水资源、生态、工业生产所需不可再生资源等之间的矛盾问题，这些是地球资源学科以及生态学解决的问题。因此，事情很清楚，人口政策的决策必须至少四大专业学科体系来支撑：

（1）人口统计学；

（2）农业学；

（3）地球资源科学；

（4）生态学。

为叙述简单，我们称此为进行人口政策决策的“1+3”科学专业知识支撑体系。前面的“1”代表人口统计学，也就是狭义上的人口学，它只能解决人口如何变化，而后面的“3”代表其他三个资源限制的学科，只有它们才能解决人口总量的约束条件。但是，过去中国已经形成了非常错误的人口决策知识支撑体系结构，将其萎缩为人口统计学的单一专业支撑。必须清楚理解到一点，如果只考虑“1”而不考虑“3”的话，根本就不会得出需要计划生育政策的结果，计划生育将完全失去任何存在的合理性基础。

因此，要回答清楚中国人口总量必须控制在多少范围，只研究“1”的人是没有足够专业资格的，而只有“1+3”，甚至主要对“3”有深入研究的人才有足够的专业资格。

2.“1 缺 3”的致命缺陷

人口《规划》中尽管提到人口与粮食、水资源、能量等资源之间的长期紧平衡问题，但在规划实施等所有工作中依然将与“3”相关的专业学科几乎完全排除在决策支撑的知识体系之外，这显然是一个致命性的缺陷，也是社会上对计划生育存在误解和大量争议的最根本原因。当前以人口学家出现的绝大多数人员，无论体制内的专业人员还是社会上出现的所谓“人口学家”，几乎都是只研究“1”的。作为一门科学学科的“人口学”，其专业内涵其实主要就只是“人口统计学”，而职业的“人口学家”，其实主要是“人口统计学家”。易富贤等所谓的人口学家，都是在其书中宣称自己有统计学的专业素养，根本就没提过自己对“3”问题做过研究（事实上他们也完全不具备这方面的任何专业素养），就宣称自己有资格来否定计划生育。但因为体制内的人口学家基本上也都是“1”，也都是“1 缺 3”的。因此，体制内的人口学家面对这些外行的攻击，竟然全都对他们完全否定计划生育的歪理邪说不知如何反击。如果不解决“1 缺 3”的问题，首先其观点根本就谈不上对错，连犯错误的资格都没有，是连门都还没入，表明其根本就有没任何专业的资格来谈这个问题。首先我们先不谈其观点的对错，而是要问问这些所谓的“人口学家”，你们有专业的资格和专业的研究工作来谈这个问题吗？从历史上对人口极限数据研究的结果不一致的态度中，我们可以清楚理解到这一点。

3. 人口极限数据不一致说明了什么？

人对知识的学习或研究有多重境界：

不知道自己不知道——这不仅是无知，而且是根本就搞不清楚自己无知在什么地方。

知道自己不知道——虽然不懂相关专业知识，但已经知道自己该学习什么知识才能解决所要解决的专业问题。

知道自己知道——通过学习知道自己掌握了相应专业的知识。

不知自己知道——已经对所学知识融会贯通，完全自然，甚至可以说达到了“手中无剑，心中有剑”的阶段。

那些否定所谓的“适度人口论”的人口学家是通过什么方式进行论证的呢？唯一的理由是说过去关于人口极限的数据存在大量不一致，没有一个确定的固定数据定论。好了，请问一下：人造卫星的速度和轨道数据是否都一样呢？都不一样。但能因此说空间科学根本就不是科学吗？显然不能。对于“因为不同的人造卫星技术参数不一致，因此空间科学就不是科学”的人我们该说什么呢？只能说请你先回去学习一下空间科学最基本的一些物理学常识，然后我们再来给你解释这些人造卫星的数据为什么不一致。

在任何一个学科领域，即使自然规律的数学公式完全确定，如果假设边界条件不一样，计算出来的结果都不一样。专业人员都明白这是怎么回事，也知道如何理解这些不一致。但他们在人口极限问题上根本还谈不上观点对错。你都还没搞清楚需要哪个学科的专业知识来研究相关问题，就仅仅以其中某个参数不同学者研究的结果不一致就去否定它是科学，我们有必要去进一步批判吗？不需要。对此我们只需要说请这些人口学家和他们的追随者先去学习一下农业学、地球资源科学和生态学的入门读物之后再来谈这个问题。

专业的问题需要对口的专业知识来解决，这是一个最起码的科学常识：

妇产科是科学，它能解决隐形战机制造问题吗？不能。

医学是科学，它能解决航母电磁弹射问题吗？不能。

机械原理是科学，它能解决量子计算的问题吗？不能。

数字电路是科学，它能解决癌症治疗问题吗？不能。

凝聚态物理是科学，它能解决人脸图像识别问题吗？不能。

…………

人口统计学是科学，它能解决是否需要采取计划生育政策问题吗？绝对不能。

这个本来是极其简单的道理，但是，因为过去人们想当然地误以为计划生育完全是一个人口问题，而人口问题当然就纯粹只是“人口学家”的事情，而没有意识到：虽然计划生育问题与人口学有关，但其实这个学科只是起次要的辅助支撑作用，最重要的是“3”的专业问题。这个“1 缺 3”的问题过去一直就存在，过去只是中国科学院地理科学与资源研究所等专业单位的陈百明、封志明等临时介入过中国人口总量约束问题的系统实证研究，但后来“1 缺 3”的问题越来越严重，从而使得极少数自称具备“1”知识的所谓“人口学家”有条件跑进来搅昏人们的头脑。体制内职业的人口学家事实上都不具备专业资格回答清楚这个问题，那些半道跑进来自封的“人口学家”，就算是合格的人口学家怎么可能有资格回答清楚这个问题呢？事实上，自称“人口学家”，本身就完全清楚地表明他们根本就没有搞清楚问题的性质和专业学科属性，也充分证明他们还处于**“根本就不知道自己不知道”的纯粹门外汉的阶段**。

4. 完整准确理解计划生育是什么专业性质的问题

客观上说，计划生育除了要解决人口总量与资源之间的矛盾之外，其他影响基本上全是负作用，只是负作用大小的问题。即使有部分积极性的影响，如可以让家庭人均经济收入增加等，也绝不是采用这个政策的任何核心支撑理由，我们必须清楚地认识到这一点。因此，谈再多计划生育的负作用都毫无意义，并且也并不会增加人们的任何认知。这些负作用大家都很清楚，而且比那些自封的人口学家清楚得多。对于非常重要的人口与经济发展的关系，他们也并没有提供任何科学的论述。相比之下，我在《生态社会人口论》中建立了全新的“劳动有限供给条件下的经济发展模型”。首先你都完全没说清楚（而且根本就没打算说清楚，没有建立也不准备建立任何相关数学模型）人口与经济发展的确切科学关系是什么，怎么就能进一步拿这个来支持“人越多越好是绝对正确”的论点呢？事实上，他们谈到的所有计划生育的负作用，或人口多的积极作用全都没有展示任何科学数学模型的支持，他们也根本就没打算去研究清楚每增加一个人的边际收益是多少的科学规律，怎么就能以此为基础去证明人越多越好，好到什么程度呢？因此，他们谈的所有关于计划生育的负作用全都不是真想解决什么问题，而纯属忽悠和误导。解决不了任何问题，只是制造问题和麻烦。

我们之所以做出在人口问题上存在布朗行动计划攻击的判断，中国自身在这个问题上存在致命的“1 缺 3”专业缺陷是重要原因之一。它不仅是关键证据，而且也是解决问题的关键所在。

无恃其不来，恃吾有以待也，无恃其不攻，恃吾有所不可攻也。但是，在粮食战争的问题上，中国不仅正在敞开大门，而且有一堆以所谓的“人口学家”面目出现的人正在努力将这个大门彻底拆掉。

九、不是尾声的尾声

当你正好开车要通过极端险要的路段时，乘客中却突然开始有人不停地高喊：踩刹车是完全错误的不人道行为，必须尽快完全放开刹车，把油门踩到底。赶紧踩油门、踩油门、踩油门……

问：这是为什么？

答：因为他们自称人口学家，认为道路是无限宽的，没有任何极限。如果不踩刹车，车也会自己停下来，所以为什么要踩刹车？无论怎么踩油门，车速也都是有限的，所以为什么不把油门踩到底？

问：为什么还有其他那么多乘客支持他？

答：为了维护生育权、人道与正义。

问：什么是“生育权、人道与正义”？

答：就是悬崖下面的沟底。

附篇一　不研究粮食的统计学者不是好人口学家

反对人口控制的人认为工业社会有无穷的创造能力，粮食产量可以无止尽地增加，这是一种完全盲目的观念。科学的认识必须有确切的测量数据来支持，先不谈其他的，上干货吧！

一、中国的粮食现状

1. 单产分析

粮食总产量取决于两个因素：粮食单产和播种面积。先看下中国粮食单产情况。

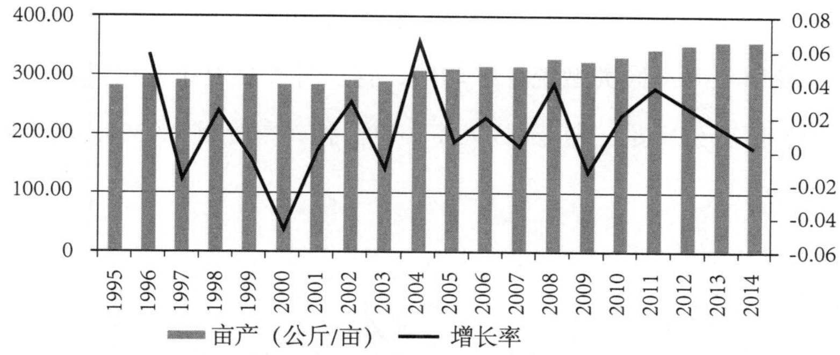

图 1　1995—2014 年中国粮食单产变化（资料来源：国家统计局）。请注意有一半的年份单产是同比下降的，甚至 2000 年单产同比下降 5.15%

中国粮食单产量从 1995 年的 282.65 公斤 / 亩增长到 2014 年的 359.01 公斤 / 亩，成效应该说是非常大的。累计增长了 27.02%。这个变化反映的是所有不同农作物加在一起的平均值，因此可能就难以理解这种变化是如何产生的，需要考察下主要的单一农作物单产情况是什么样的。过去我们有三大主粮：大米、小麦、玉米。现在新增加了一个主粮是土豆，也就是马铃薯。

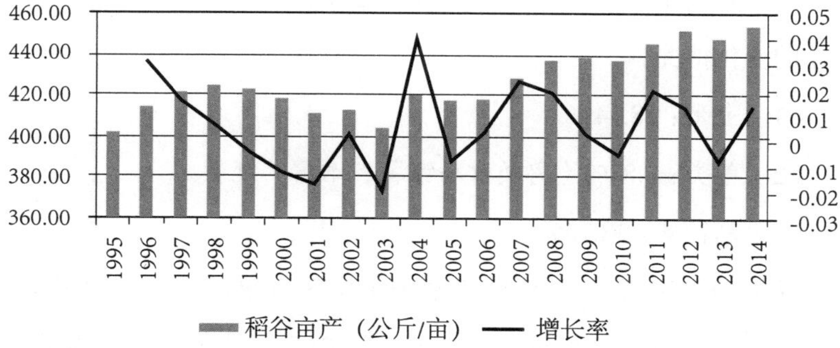

图 2　1995—2014 年中国稻谷单产变化（资料来源：国家统计局）

中国稻谷单产从 1995 年的 401.65 公斤 / 亩增长到了 2014 年的

454.21 公斤 / 亩，增长了 13.09%。稻谷是早稻、中稻和一季晚稻、双季晚稻三个不同类型统计平均值，这三种类型在上述时间段的亩产增长情况分别是：早稻 13.98%，中稻和一季晚稻 9.93%，双季晚稻 2.07%。

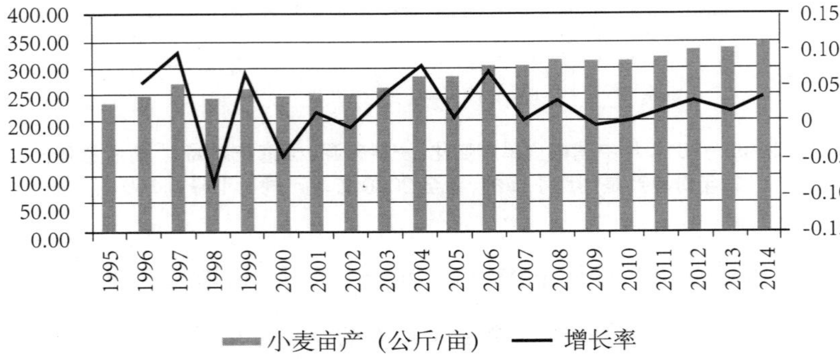

图 3　1995—2014 年小麦单产变化分析（资料来源：国家统计局）

小麦单产从 1995 年 236.10 公斤 / 亩增长到了 2014 年的 349.57 公斤 / 亩，增长了 48.06%，非常可观，成为单产增长的主力。

以下我们不再用图表给出详细年度数据，而只给出 1995—2014 年总的变化情况：

（1）玉米：18.14%；

（2）薯类：8.88%（薯类含马铃薯、木薯、红薯）；

（3）马铃薯：28.72%。

从上面数据可见，近 20 年来为中国粮食单产增长做出最大贡献的是小麦，其单产的增长极为显著。但是，从中我们应该看到，2014 年小麦单产 349.57 公斤 / 亩的数据，居然已经相当接近稻谷的 454.21 公斤 / 亩，它还有多大增长潜力就可想而知了。

2. 耕地分析

根据国土资源部提供的“2015年中国国土资源公报”，为使读者容易理解，以“万平方公里”为单位进行了换算。截至2014年年底，全国共有农用地645.7411万平方公里，其中耕地135.0573万平方公里（20.26亿亩），林地253.0713万平方公里，牧草地219.466万平方公里，建设用地38.1142万平方公里。大致来说是以下关系：

农用地 = 耕地 + 林地 + 牧草地 + 建设用地

我们都知道中国有963.4057万平方公里国土面积，这不包括领海。农用地的概念就是我在《生态社会人口论》中所说的高、中、低生命区，就是至少可以长点草的地方。农用地与国土面积之间317.6646万平方公里差值就是无生命区，它们是雪山、荒漠等寸草不生的地方，以及大约27万平方公里内水面积，占国土面积的32.973%，正好1/3，超过整个印度的国土面积（290万平方公里）。除掉内水面积，正好和印度整个国土面积相等。

图4　中国农用地面积变化情况（资料来源：国土资源部），2011年及之前数据根据各年度公报以2012年数据为基础反向推算

农用地在过去七八年间不断减少了大约1.5万平方公里。为什么会有这种变化？沙漠化，变成无生命区了。一些人还在奢谈如果能把西北沙漠变成能住人的绿地可以多养活几亿人，别做梦了！能保住现有的农用地不减少就不错了！

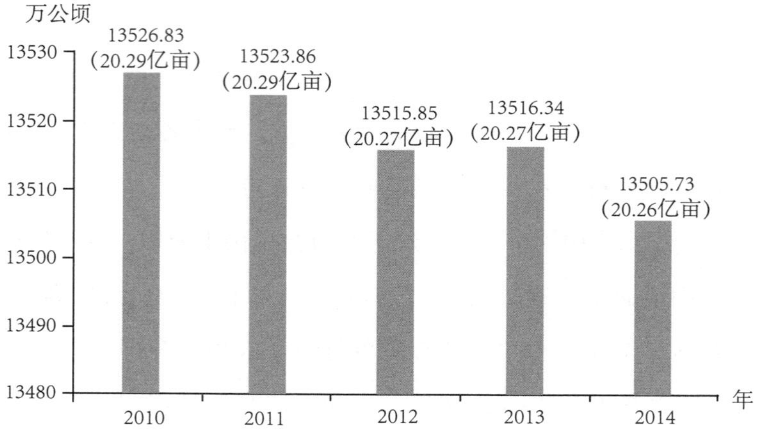

图 5　2010—2014 年中国耕地变化情况（资料来源：2015 年国土资源公报数据）

请注意图 4 与图 5 因变化量与基数相比太小，因此图表纵轴并不是从 0 开始的，以看清变化情况，这只能反映绝对数，而不反映相对值的变化

2010—2014 年中国耕地面积持续减少了 0.211 万平方公里（316.5 万亩）。这 5 年数据由于采用了新的遥测遥感技术，因此数据相对比较准确。耕地为什么会减少？沙漠化和建设占用。但凡有城市的地方往往都是历史上耕地质量最好的地方，没办法，因为要发展经济，政府每年都不得不在质量最好的耕地里征地卖地 500 万—1000 万亩。每年这么多高质量的土地就这么永久性地被占用变成房地产、道路或厂房等之类的人工建筑物了。因为过高的房价，很多人还在强烈呼吁从经济学角度政府要放开土地供应。政府当然想卖

更多土地了，2014 年卖地收入达到 4.3 万亿元，2015 年显著减少，也有 3.37 万亿元。但眼见着极度紧缺的耕地的不断减少能不着急吗？

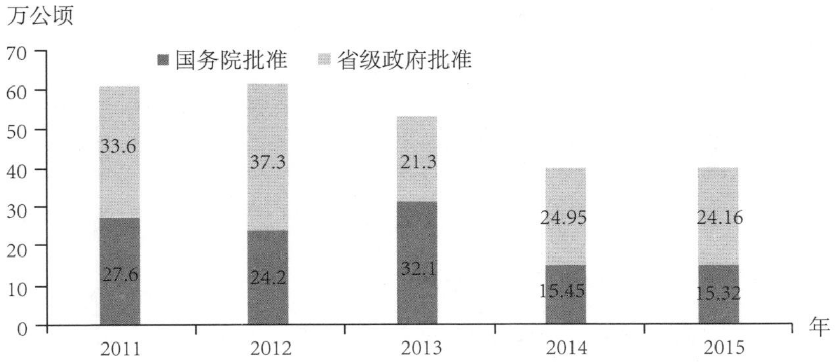

图6　2011—2015 年批准建设用地变化情况（资料来源：2015 年国土资源公报数据）

中国的耕地不仅已经极其紧张，而且品质相当不好。图 7 是中国不同耕地质量占比情况，优等地只占 2.9%。不仅如此，区域性和季节性缺水都很严重。南方水资源占 80%，耕地占 38%，北方水资源量只占 20%，耕地却占 62%。而主要降水又分布在 6—9 月一年多熟的种植季节，老天爷并不照顾中国人。

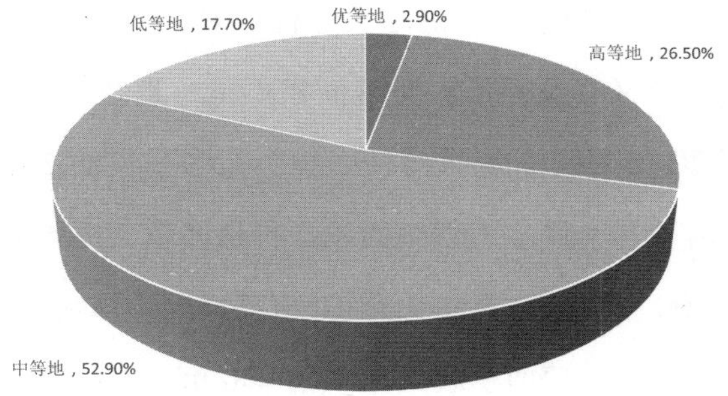

图 7　全国耕地质量各等别面积所占比例（资料来源：2015 年国土资源公报数据）

3. 粮食总量分析

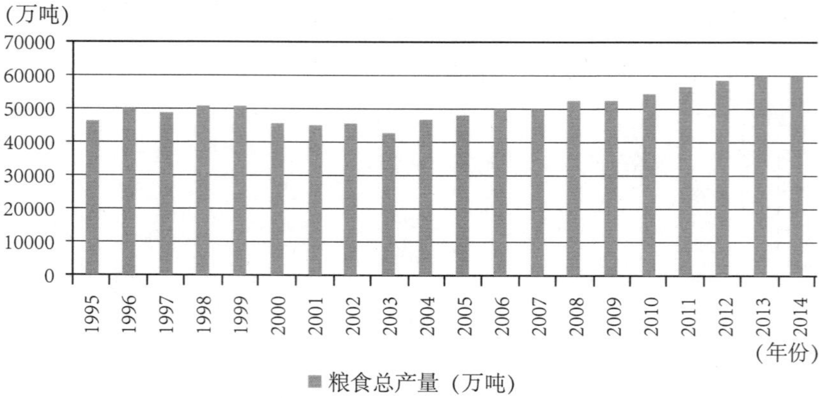

图 8　1995—2014 年中国粮食总产量(国家统计局数据)

中国粮食总产量从 1995 年的 4.67 亿吨增长到 2014 年的 6.07 亿吨，增长 30%。读者可能会有点疑问，粮食单产增加了 27.02%，耕地面积在减少，粮食总产量怎么会增长 30% 呢?

中国农作物总播种面积从 1995 年的 22.48 亿亩增长到 2014 年的 24.82 亿亩，增长 10.39%。粮食作物播种面积从 1995 年的 16.51 亿亩，增长到 2014 年的 16.54 亿亩，增长 2.42%。粮食单产增长的 27.02% 加上播种面积 2.42% 的增长，就是粮食增长的原因所在。看到这里读者可能又有疑问了：耕地面积不是一直在下降，并且 2014 年总量只有 20.26 亿亩，怎么播种面积会是多于它的 24.82 亿亩呢?这里需要搞清楚几个概念：**耕地面积、种植面积、播种面积**。

假设有 100 亩耕地，某一年有 10 亩耕地因为休耕、农业结构调整等没有种，这样种植面积就是 100–10=90 亩。

这 90 亩并不是每年只种 1 次，其中 20 亩收割了以后多种了 1 季，播种面积就多了 20 亩，其中还有 5 亩是种了 3 季，这样播种面积再增加 5 亩，总的播种面积就是 90+20+5=115 亩。因此，虽然 100 亩耕地里有 10 亩闲着没种，但最后播种面积比耕地面积还要多。这种情况所表明的是耕地利用率的情况。耕地利用率越高，从生产技术上说提高了单位耕地的年产量，但这样做的后果是什么呢？和人一样，老是不休息、竭泽而渔是会导致土地质量不断下降的。中国在耕地面积不断下降的情况下，竟然还保持了粮食播种面积的增加，意味着耕地的利用率在不断增加。

中国从 1978 年到 2014 年粮食产量增加了 1 倍，同时化肥消费量却增加了 6 倍。中国用占全球 8% 左右的耕地面积，使用了占全球比例超过 1/3 的化肥。因为抽取地下水灌溉农田导致地下水位不断下降。化肥的不断强化使用会导致土地盐碱化，地下水的过量抽取会导致土地沙化——全都是有代价的。该知道中国在耕地质量这么低的情况下产量不断增加是怎么得来的了吗？如果不是人地矛盾紧张到实在没办法的程度，为什么要采用这样极端的方式来增加粮食产量？

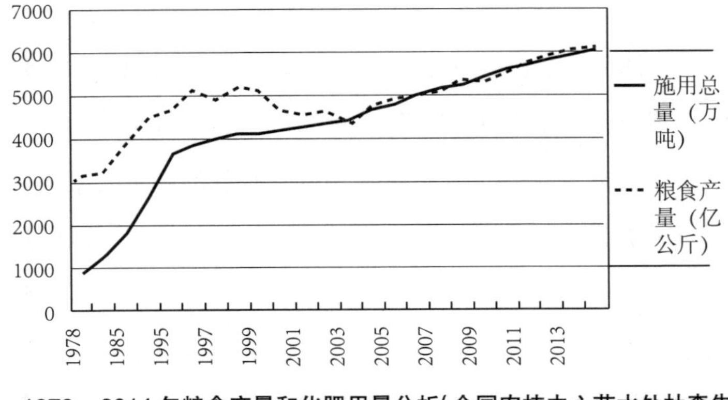

图 9　1978—2014 年粮食产量和化肥用量分析（全国农技中心节水处杜森先生提供数据）

说到这里，请读者千万不要简单地把化肥妖魔化，它导致的负面作用是什么，必须有科学的分析。传统的化肥可以提供植物所缺乏的氮、磷、钾等元素。因为过去粗放型地使用化肥，带来了以下若干问题：

一是传统化肥是固体颗粒物质，手工撒在田里。这样有相当部分并没有到达农作物的根部，而是被作物之间的杂草吸收了，从而不仅没起到作用，反而增加除草的工作量。

二是撒在田里的化肥一般情况下只有通过雨水溶解后，流到作物的根部，才会被吸收。如果没有溶解，就长期不会被吸收，或造成供肥不均匀。有些地方甚至出现烧苗，而有些地方却施肥不足。更重要的是化肥产品除了植物所需要的成分外，还含有硫酸根等成分，长期未溶解或被植物吸收的化肥，以及硫酸根的累积会对土壤产生不利的酸化影响。如果要用人工灌溉充分溶解化肥，又可能形成大水漫灌，造成水资源的浪费。

三是传统化肥成分较为单调，缺少微量元素和其他有益成分，导致作物主要在产量上增加，但食物口感和营养却变差了。

现在，随着化肥科技的不断进步，采用水肥一体化的灌溉技术，可以直接将水溶性的化肥灌溉到作物的根部，并且化肥的成分也越来越丰富，形成复合肥，也添加越来越多有益的微量元素成分。水溶肥还可根据作物生产的不同阶段，采用不同的配方，从而达到不同的效果。例如，发芽、生根、开花、结果等不同阶段，对肥料的成分需求可能是不同的，水溶肥可以根据不同需要采用不同的成分配方。这些化肥技术的改进不仅极大减少了以上问题，而且在产量更有效增加的前提下，使作物的营养及口感都越来越接近甚至超过天然的有机农产品。在节约水资源的同时，对土壤的不利影响也大大减轻。因此，现在化肥技术并不是单一某个事物，并不是说只要使用了化肥就一定是有害的，而要看具体的化肥是什么，以及如何使用。当然，水溶肥也不是一下子就能解决一切粮食问题的，它一般是通过滴灌等技术进行施肥，这需要远比过去粗放型的施肥方式更多的技术和成本投入。因此，水溶肥用于蔬果类经济作物会更为有效，而对主粮生产存在投入产出比的经济平衡问题。

二、粮食是否够吃？

即使中国农业专家、农业部门做了这么多工作后，粮食是否够吃了呢？

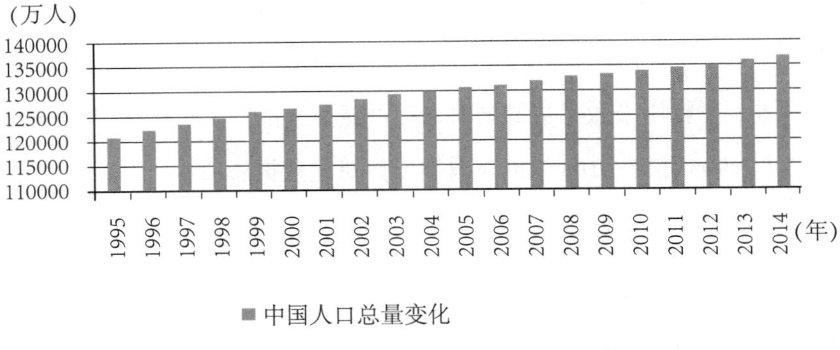

图 10　1995—2014 年中国总人口变化分析（资料来源：国家统计局）

中国人口从 1995 年的 12.11 亿增长到 2014 年 13.68 亿，总量增长了 1.57 亿，增长比例为 12.93%。但粮食总产量增加 30%，是超过人口增长的。再来看粮食进口，见表 1。

表 1　1995 年与 2014 年粮食进口比较

年份	1995	2014	增长
谷物及谷物粉进口数量(万吨)	1159	1951.07	68.34%
大豆进口数量(万吨)	29.39	7140.31	242 倍
食用植物油进口数量(万吨)	213	650.16	2 倍

粮食增产超过人口增长，怎么进口量还会有这么大的增长呢?首先我们要怀疑是否一边进口，一边又加工后出口了。2014 年主要粮食品种出口数据如表 2：

表 2　2014 年主要粮食品种出口数量

谷物及谷物粉出口数量(万吨)	70.93
大豆出口数量(万吨)	20.71
食用植物油出口数量(吨)	133858.28（13.4 万吨）

以上请注意国家统计局在统计食用植物油进口数量时用的单位是“万吨”，而统计出口数据时用的单位是“吨”。大豆的主要用途是榨油，豆粕用来做家畜的饲料，是否养了家畜后出口转化掉了呢?表 3 是 1995 年和 2014 年主要肉类出口对比数据：

表 3　1995 年和 2014 年主要肉类出口对比

指标	2014 年	1995 年
活猪出口数量(万头)	173.32	253
活家禽出口数量(万只)	493.46	5263
牛肉出口数量(万吨)	0.65	2
猪肉出口数量(万吨)	9.15	15
冻鸡出口数量(吨)	117063.3	248573

由此可见，不仅通过出口消化掉的粮食基本可以忽略不计，按“万吨”的单位来统计都在个位或接近个位数。而且从 1995 年到 2014 年出口数据都是降低的，尤其活家禽出口锐减了 90% 以上。因此，不仅中国自己生产的粮食被中国人吃掉了，进口的粮食最终也基本上都被中国人自己消化掉了，即使转化成肉类也基本上是被中国人自己吃掉了。粮食消费总量是从 1995 年的 4.78 亿吨增长到 2014 年的 6.98 亿吨，增长了 46%！怎么回事？中国人口总量只增长了 12.93%，粮食消费量为什么会增长 46% 呢？这是因为：

（1）随着生活水平的提高，人们的肉类消费量会增加。而肉类中的鸡、猪甚至肉牛等生产也是吃粮食的！

（2）中国的城市化进程中，农村人会不断转到城里来。每个农村居民转成城市居民平均会增加 20% 的粮食消耗。因为在农村时房前屋后会种养一些家畜或蔬菜，这部分很难统计到粮食产量中去。而到了城里，基本上就不再自己种任何东西，全都要通过商品粮生活了。

（3）城里的餐馆消费存在大量浪费，人们只要去餐馆吃饭时稍加注意就会明白城市里的餐馆消费存在的粮食浪费有多严重了。在农村时吃剩下的可以给自己养的家畜吃，但在城里往往就是纯浪费。有人统计餐馆消费的粮食浪费高达进口量的一半。

到了 2015 年，中国在不惜代价挖掘一切潜力的情况下实现了粮食 12 年连增，但是粮食消费量约为 7 亿吨的情况下，进口量却达到 1 亿吨。这意味着什么？意味着中国人口总量已经超过粮食生产能力约 14%，相当于约 1.92 亿人是超过极限的。为什么我要分析 1995—2014 年的数据？一方面是数据来源获取的方便性，另一方面表明，1995年左右正是中国人口总量与资源量达到平衡的时间点，此后就开始不断超过了，而且从未来发展来看，无论什么口径的预测，中国人口峰值点会在14.3亿—14.5亿，还将多超过极限7000多万人。

三、增产的潜力

有人可能会说：那有什么关系，未来中国粮食还可能会有增产的潜力啊？但是，未来中国要想实现人民生活水平的持续提升，还需要将目前在农村的6亿人转移到城里来，他们对粮食的平均消费水平将会提升20%左右，从而抵消单产增长的潜力。以2014年计算，中国人平均每人粮食消费量为512公斤，而且未来还会继续增加，这意味着每增加1个人，至少需要512/454=1.13亩播种面积，约合1亩耕地。未来增加7000万—8000万人需要新增7000万亩，约4.67万平方公里，并且得达到中国平均质量的耕地才能满足粮食需要。而事实上，至少未来10年内，中国耕地面积只可能不断下降，不可能有增长的空间存在。

有人可能还会说：我们还可以更多进口粮食啊？

印度虽然国土面积不到中国的1/3，但其耕地却比中国多出10%—20%，耕地质量要好于中国，人口总量现在比中国还少1亿左右。但当印度人口继续再增加一两个亿时，其情况与中国1995年状况差不多，也得开始靠进口粮食生存了。美国的粮食总量生产潜力是中国的4—6倍。美国的人口再增加4—6倍比现在中国的人口还多时都不会有像中国这样尖锐的人地矛盾问题。

全球人口每年还会增加 7000 万—8000 万，其他国家能养活自己就不错了。除了俄罗斯、美国等国家，别指望能有长期可靠的粮食进口地了。请问一下中国的读者们：你们认为中国人的饭碗最终是掌握在俄罗斯手里安全些，还是掌握在美国手里更安全？

如果中国未来有什么真正的安全问题，粮食和人口的矛盾是唯一可以决定中国命运，使中国陷入灾难和崩溃的安全要素。其他的因素我们都可以说有能力控制，但唯独这个问题，我们除了控制自己的人口总量，别无他法！

一些人还会说，自工业革命以后，人口从几个亿增长到现在 70 多亿，粮食生产能力不断增长，并没有看到极限存在。但是大量历史考证的资料显示，中国在唐、宋、元、明等时代粮食单产能力就已经达到亩产 200—300 公斤的水平了。中国农业遗产研究室闵宗殿先生在其论文《宋明清时期太湖地区水稻亩产量的探讨》（《中国农史》1984 年 03 期）一文中，推算出了唐、宋、明、清四个朝代太湖流域的平均亩产：

（1）唐朝亩产 138 公斤。

（2）宋朝亩产 225 公斤。

（3）明朝亩产 333 公斤。

（4）清朝亩产 278 公斤。

清朝的亩产怎么会比明朝还要低呢？主要是引用的文献还不够全面。事实上清朝出现过稻谷产量的飞跃，康熙五十四年（1715），曹雪芹家的亲戚、苏州织造李煦在苏州试种双季稻，前后种了 6 年，平均亩产 810 斤，其中最丰收的年份竟然达到了 915 斤的亩产。清朝的亩已经跟今天差不多，清朝的斤略大于现在的市斤，如果折合成公斤，亩产915斤相当于现在的亩产470公斤，这个产量应当是古代中国的最高纪录。我们今天的粮食单产水平不过是比一千多年前提升了2—3倍的水平。为什么会是这样呢？

最初人类种粮食当然是先找质量好气候条件好的优等土地去种，越到后来开发的，越是质量差的土地。农作物本身是数以亿年时间尺度自然进化的产物，人类培育农作物也有上万年的历史。过去20年最主要的主粮稻谷单产提升了不过13.09%，同时期计算机的处理能力提升了上万倍。

不同的工业技术水平提升的幅度完全不是一个概念，即使是在信息技术领域，也别以为所有技术指标全都是以摩尔定律增长的。今天硬盘技术的平均寻道时间和30年前相比几乎没有差别，都是6个毫秒左右，这使其4KB小文件随机访问能力IOPS指标一直都是200左右。

工业化使人类农业生产大规模增长的能力最主要的不是单产，而是将更多土地开发成耕地。但是，一方面，这意味着自然生态面积的同步减少；另一方面，就算是工业能力本身也已经遇到土地开发的极限，中国近几十年工业技术能力迅速飞升，而耕地面积总量却无法再增加了。很显然，我们能想象工业能力的发展在可见的将来把青藏高原变成与江南水乡可比的优良耕地吗？拉倒吧！

人口史学界把清朝人口增加的原因归结为几个方面：美洲驯化的玉米和薯类的引进，更多土地的开垦，长期的安定环境。但是有一个问题，清代之前2000多年的中国古人为什么不去开垦更多耕地，偏偏到了清代就可以开垦出那么多新的耕地呢？原因并不是我们以前的老祖宗不知道开垦更多耕地，而是那些新开垦的低质量耕地种小米等传统的作物不适合，产量太低不划算。但玉米和薯类对生长条件要求低，所以开垦以后容易生长，当然就会新增大量开垦后种植起来划算的土地。而粮食生产得更多了，人们有饭吃，当然就有更长的时间安定了。因此，虽然看起来有多个原因，其实原因还是只有一个：美洲大发现后新引进的农作物品种刺激所致。这样的历史解释才是科学上能够顺利说得通的，否则就得单独解释为什么清代的人偏偏就比以前的中国人更喜欢大量地，而且成功地开垦出新的土地。

图 11　作者对设施农业进行深入考察

设施农业理论上可将土地的单产量提升一个数量级，但是，其成本太高，只适合城区附近地区生产高价值的经济作物，以及边远海岛、大型军舰及其他大型海上设施之用。日本在几十年前就开始尝试了，至今难以大规模商用。从来没有任何研究设施农业的人设想过用它们去种植低价值的主粮。

在设施农业上做得比较好的是荷兰和以色列。以西红柿为例，中国大田的西红柿亩产一般在4—6吨，而荷兰纹洛（Venlo）型温室里的西红柿亩产可以达到50吨。

图12　纹洛(Venlo)型温室

但是，这种设施农业主要成本在三个方面：设施建设成本、能源成本和人力成本。其中，能源成本最大，占35%—40%的比例。

荷兰之所以能控制住能源成本，很重要的原因在于荷兰地处高寒地带，其温室主要能源需求是升温，他们利用本地产的本来就很便宜的天然气发电厂，而且还是其产生的余热进行升温，从而能源成本非常低，即使如此，能源成本还是占到了最大比例。

以色列位于地中海以东海边，大型温室主要能源需求是降温，他们可以主要通过通风来实现，从而成本也非常低。

但是，中国的气候普遍是四季分明，如果在中国采用这种设施农业，既需要在冬季升温，又需要在夏季降温，又没有普遍的便宜天然气电厂余热等特定的能源支持。因此，设施农业技术本身在荷兰和以色列几十年前就出现了，但一直没有能够在全球大规模普及，尤其是中国没能大规模普及，原因不是不想这么搞，而是存在经济性上的深刻制约。

北京水木九天等创新公司历经艰辛，在解决工厂化设施农业的成本控制上有很多技术创新和突破。我个人也在全力推动这些公司市场和融资进程。如果这些项目能成功，理论上最大程度可将中国4亿亩种蔬菜的耕地中的3亿多亩腾出来种主粮，这可将中国主粮总产量增加约1亿吨，正好弥补上当前的粮食缺口。这个技术几乎是我遍寻各种解决方案，而在目前唯一能看到真正有希望的、大规模粮食增产有可能行得通的途径。但能否最终真正成功，还需要市场的验证，现在能说的只是我们一直在为此而竭尽全力。如果这个问题能解决，中国粮食危机即可从根本上彻底解除，这才是真正能让中国人自由生育的前提。因此，以设施农业技术为基础的蔬菜工厂是一个功德无量的事业。争论是没有意义的，只有这样的实干才能真正解决问题。

有人提出可以将西北的沙漠变成农田，没有比这更荒谬的想法了。它们发展些风电或太阳能或许还可能有经济效益，种粮食怎么可能会有经济性呢？与其如此还不如把东部平原地带的人迁移到这里，而将东部的耕地腾出来种粮食。但去问问东部地区的人有几个愿意的？说到生育的时候大谈人的意愿，谈沙漠开发的时候就把人的意愿忘了吗？

图 13　2017 年 7 月 4 日，水木九天董事长王晓庆先生带我参观柳林水木蔬菜工厂时所拍照片。这个中试阶段的西红柿蔬菜工厂单产已经可以稳定在 40 公斤 / 平方米 / 年的水平之上，合每亩年产 27 吨

通过增加土豆等薯类作物种植量不是可以提升总的粮食单产吗？的确，前面说过，清代之所以人口总量相对中国历史上有 4 倍左右的提升，关键就在于从美洲引进的薯类和玉米等作物极大提升了粮食总产量。那这些作物品种精确的单产情况到底是多少呢？当

我满怀希望去查询相关资料时，薯类的单产数据却让我惊讶不已，并大失所望。

2014 年，中国薯类平均单产为 248.79 公斤 / 亩，其中马铃薯为 228.51 公斤 / 亩（国家统计局）。很多渠道得到的资料指出，一般薯类的亩产都在几吨，红薯最高单产甚至可超过 5 吨，国家统计局给出的数据怎么会低到比小麦还低很多呢？开始我以为国家统计局数据不仅是搞错了，甚至可能错了一个小数点位置，但经过咨询大量专门种土豆和其他薯类的农业专家才明白，这个数据是指晒干了、含水量很低的薯粉数据，这是与小麦和稻谷含水量可比条件下计算的结果。薯类能够在历史上对世界人口起到巨大作用，其单产比历史上的小麦单产更高只是一个方面，更重要的是它们对生长条件要求更低，可以在更恶劣条件下种植，从而使得可用的耕地面积扩大了。因此，别指望通过薯类的种植能够大幅度改变中国粮食单产的指标。在这个问题上，国家统计局是有充分信心拍胸脯说他们的粮食统计数据的确是“不含水分”的。

除了粮食，人不是还吃蔬菜，并且现在还经常鼓励吃蔬菜吗？本书中已经充分讨论过蔬菜含水量问题了，这是在肉吃得太多和有主粮垫底的前提下才这么说的。只要回家问问妈妈或太太一大篮子新鲜蔬菜放锅里炒完后为啥就只能把盘底盖住，就该明白为什么蔬菜产量那么高了。

一亩桃树可以收获多到 6000 公斤桃子。但如果把它们彻底晒干了再称称就该明白这些东西为什么都叫“水果”了。

它们都证明了一个伟大的真理：凡是能够注水的东西，那产量就能出奇地高啊！反过来说，如果产量出奇地高，就该怀疑它是不是注水了。如果以为粮食产量可无限大地高到可以支撑任何人口数量，那就得需要无限大的注水能力才能实现了。

海洋不是人类更广阔的可开发粮食来源地吗？这个我们就不用再展开讨论了，中国沿海“绝户网”大量使用早已经使中国沿海的渔业资源陷入大规模灭绝的境地，否则就不会老是听到韩国等其他国家的海警向中国渔船开枪的新闻了。我们中国人当然得向着咱中国渔民说话了，但中国沿海如果有鱼的话，他们干嘛冒着挨枪子儿的风险跑那么远的地方？你以为中国渔民真就是喜欢韩国海岸附近的鱼到那种不要命的程度？

工业革命和科学革命能够使粮食产量增加主要靠的并不是增加单产，而是对生态环境更大的侵占和毁灭能力。每增加一个人，这个世界上就必然得减少一亩自然的生态区。世界上还有多少这样的自然生态区可供人类侵占和开发？至少，中国已经绝对没有了。

图 15　水肥一体化控制点

图 16　作者参观采用智能化的水肥一体化滴灌技术种植的土豆大田

未来中国和世界农业生产技术的发展更多将体现在劳动生产效率的提升上，采用大田水肥一体化自动灌溉技术，由于采用精细管理，亩产量有望比传统种植技术略有提升（10% 左右），但主要优点其实只是体现在节省人工、水、肥和农药。

图 17　著名农业专家袁隆平在进行水稻实验。看看他是在怎样的环境下工作，就该知道我们每天餐桌上的食物得来是多么不容易

2016年11月，袁隆平等人在梅州的华南双季超级稻创造了晚稻亩产705.68公斤（干谷），双季合计年亩产1537.78公斤的世界纪录。我们对他们不仅是应当表示祝贺和感谢，而是应当表示感恩。正是他们在烈日暴晒下长期的努力工作才使我们今天不至于饿死。但是，别忘了“实验田”、“示范田”与“大田”的区别是什么，也别忘了中国到底有多少耕地是可以种双季稻的。2014年的数据是中稻和一季晚稻播种面积为1833.31万公顷，占粮食播种面积的16.26%。2014年中国双季稻平均单产合计已经超过900公斤了。切不要以为采用这个超级稻品种所有推广后的大田全部平均单产都能达到1537.78公斤。

袁隆平能够开发出超级杂交水稻，最初的突破来源于在海南发现的野生水稻。但是，随着对自然生态的侵占越来越多，海南已经找不到这种野生的水稻品种了。如果这种野生稻谷早就灭绝了呢？我们不能设想还能不能获得袁隆平的超级杂交水稻。水稻在1万年前就开始被中国人驯化了，到20世纪居然还存在野生的水稻。如果我们对上天如此地恩惠于今日的中国人不感到万幸，以为它可以任意无止尽地被开发和掠夺，最终是会遭受天谴的。知道为什么古人会建造天坛等地方去祭拜天神吗？那是对上天的敬畏。很不幸，虽然工业革命已经这么多年过去了，但人类的粮食在相当大程度上依然是靠天吃饭的。这就是粮食单产的增长为什么那么不稳定的原因所在。

2016年的粮食产量结束12年连增，同比下降520万吨！不要以为粮食是可以无止尽增加的，20年前中国就已经开始撞上极限了。

中国在清代之前的几千年历史上最大人口数据一直维持在5000万—6000万。一旦达到这个极限后，必然导致一次社会大动乱，使人口总量在短时间内崩溃到极限值的50%，甚至10%（这意味着全社会人口在短期内死亡50%—90%）。如果我们因为现在普遍地吃成“三高”就忘了什么叫“民以食为天”，就不能理解马尔萨斯为什么把“食物为人类生存所必需”作为讨论一切问题的公理和绝对的前提。没有珠宝佩戴顶多显得简朴一点，而没有粮食吃就得饿死。

四、为什么现在对人口问题的认识这么混乱？

1. 确定人口政策的依据到底是什么？

中国应该采用什么样的人口政策问题，现在处于非常混乱的认知阶段，有必要加以澄清。必须清楚指明的是，没有任何人会认为一胎制是一个永久性的政策。1980年发出著名的计划生育公开信中，就设定了30年的期限，今天已经过了30多年，因此采取新的人口政策与当初设想也是一致的。问题只是：

（1）为什么要施行计划生育政策？其依据是什么？

（2）当初这个政策结果如何？是否大的方面是正确的？

（3）现在和未来应当采取什么样的人口政策？

（4）当前为什么对人口政策有这么混乱的认识？

以上几个问题的回答其实都依赖于如何回答“确定人口政策的依据到底是什么？”这个问题。因此，这几个问题其实可以归结为相同的问题解决。其实道理很简单，当初马尔萨斯提出人口论的时候，基于的考虑因素就是两个：一是人口生产的规律，以几何级数增长；二是粮食生产的规律，以算术级数增长。所以，确定人口政策，也就是要确定人口总量与资源总量之间的关系问题，并且只依据这个相对的关系来确定人口控制的政策选择，而不是一个绝对的关系。完备的规律应当如表 4 所示：

表 4　根据人口数量与人口极限的关系采取相应的人口政策

人口总量与人口极限的相对关系	应当采取的人口策略
<<	鼓励生育和移民
<	自主选择
≈	仅宣传引导
>	宣传加一定程度的控制
>>	严格的人口限制(一胎政策)

但是，多个方面的原因，使得这个问题的认识上很容易产生巨大的混乱。

2. 两害相权取其轻

计划生育并不是一个“两利相较择其重”，而是“两害相权取其轻”的事情。

计算生育好不好？当然不好，如果资源量充足为什么要执行对人类天性的生育本能相对抗的政策？

人多好还是人少好？只要有饭吃当然是人越多越好。

因此，那些搅浑水的人讲了一大堆道理全都只是在讲人多的好处是什么，计划生育的负面作用是什么。这些有道理吗？如果不去考虑资源量与人口总量之间的关系，这些当然全都是极其简单的道理，根本就不需要这些人多此一举地来讲。但是，如果完全否认最重要的人口总量与资源总量之间的关系，这些道理就成迷信了。这就是这些人不仅把很多普通人的脑子搅昏，也把很多知识分子的脑子搅昏的原因所在。

人多对经济发展好还是不好？当然是好了，人越多消费群体就越多。劳动力越多就可以干越多的事情。这个道理还需要多余地说吗？但这些人真是想把人口数量与经济发展之间的关系讲清楚吗？绝对不是，他们没提出任何人口数量、劳动力数量与经济发展之间科学的关系。他们讲这些纯属是为了搅乱人们的思维。

更重要的是，为了把这个水搅浑，其反对计划生育的理由可以说是越来越多。不完全总结如下：

（1）生育权问题

遇到问题就拿权利说事是典型的迷信思维方式。法律是什么？就是规定人不能做什么事情。为什么要规定人不能做什么事情？就是因为做了会对他人产生有危害的影响。如果生多了让全社会都陷入没饭吃的境地，还要认为生育是一种绝对的权利吗？没有任何权利是绝对的，如果要认为自己有行使某种权利的自由，就去证明自己行使了这种权利不会对社会造成危害。事情很简单，只有研究粮食问题才能去证明可以自由地生育。

（2）人道和人权问题

为了执行计划生育政策，政策执行过程中的一些已经怀孕被强制堕胎的事情的确让人感到很悲哀，振臂高呼这样做不人道以显示自己多么高尚是很容易的。但如果在全社会出生婴儿普遍地被亲生母亲溺死、人口总量 50% 以上的人活活饿死、在战乱中被打死和堕胎之间做出选择，你一定要选择绝对不能堕胎，还会认为自己真那么高尚吗？强调人类会自然地调节人口总量，不需要去强制地计划，知道历史上人口是怎么“自然调节”的吗？战争、疾病、溺婴、饿死。宁愿接受这样的“自然调节”，而通过少生人口来计划生育调节就是大逆不道，甚至计划生育就“计划杀人”，“战争、疾病、溺婴、饿死”就是纯天然、最美好的自然调节，这就是这些人的逻辑？！

（3）宗教人口数量失衡问题

当前欧洲伊斯兰教人口增长远超过当地基督教等人口的增长。白人家里平均 1.8 个孩子，而伊斯兰教家庭 8.1 个孩子，来自中东和北非的伊斯兰难民更加重了欧洲人口结构的失衡。所以，问题大了去了。但是，不同国家的国情是各不相同的，每个国家需要根据自己的国情去确定自己的选择。中国文化是世界上少有的没有宗教化的文化，很多中国人根本搞不清楚基督教、东正教、天主教、新教相互之间关系和区别是什么，也搞不清伊斯兰教、犹太教与他们是什么关系。佛教传入中国上千年了也没变成中国的国教。既然中国自己没宗教约束，信仰基督教的是中国的朋友，信仰印度教的是中国的朋友，信仰犹太教的是中国的朋友，其实信仰伊斯兰教的更是中国的朋友。信仰伊斯兰教的巴基斯坦是中国最铁的朋友，伊朗、沙特、叙利亚与中国关系也都很亲近。欧洲的问题是欧洲的问题，不是我们的问题。基督教与伊斯兰教之间的冲突上千年了，但与中国即使有问题也主要不是宗教问题。

有两个都是中国朋友的 A、B 两人相互间有矛盾，其中 A 跑来对中国说 B 很不好，你要当心。那是别人之间的问题，人家一忽悠你，你就真掺和进去吗？欧洲一个伊斯兰教家庭可能有 8 个孩子，但中国伊斯兰教人口即使有优惠也是执行计划生育的，只是根据民族优惠政策最多 4 个孩子。如果真怕不同民族间人口数量比例失衡，那就应该在赞同计划生育政策前提下，进一步执行普遍的平等的人口控制，一切民族在未来生育人口上都是最多两胎。如果完全放开鼓励生育，岂不是很可能汉族生育意愿没提起来，反倒把你真想去控制的人生育意愿完全放开了，人口比例更加失衡了吗？因此，这些人根本就不是真想为不同民族人口数量比例均衡考虑，纯属搅浑水。在欧洲宣扬人道主义接受更多伊斯兰难民，而在中国宣扬伊斯兰难民问题鼓励中国人多生，用心是什么？难道不是显而易见吗？

特定民族的人口过度膨胀是问题吗？当然是问题。但是，关键在于分析清楚问题的性质、准确地定位其程度，更重要的是如何去解决的方法。

如果欧洲执行计划生育，每个家庭最多 3 个孩子，很简单，问题就解决了。但是，那么多人仅仅是呼吁、抗议、冲突、公投……制造了大量宗教矛盾，能解决任何问题吗？什么用也没有——无解。但是，中国现在是有解的，只要存在计划生育政策的大背景下，只是作一些数量微调——总人口已经超过 1000 万的就不再作为少数民族执行最多 4 个孩子的政策，而统一按最多 2 胎执行，整个中华民族大家庭的问题大家一起承担，通过 10—15 年时间问题很简单就解决了。但是，如果完全放弃计划生育了，凭什么让人家个别少数民族还执行 4 胎的限制？人家生 8 胎甚至 10 胎了你也没什么可说的。计划生育政策一旦放开，再想收回来就很难了！因此，表面上那些盲目否定计划生育的人以不同民族人口失衡，汉族主体地位会完全改变为借口要求完全否定计划生育，事实上的目的是要将中国本来有解的民族问题变成像欧洲一样完全无解。

（4）人口结构

总和生育率2.1是一个长期均衡的人口结构，因此应当把总和生育率调整到2.1甚至更多一点才是人口政策的目标。美国的人口总量与其资源极限量之间还有巨大的空间，他们可以很悠闲地把均衡发展的总和生育率2.1当作一个理想的目标。但是，中国的人口总量是历史形成的，美国现在的人口总量还远远没有达到中国慈禧老佛爷听政时候的数量，奢谈与美国一样的人口结构有条件吗？

（5）中国人多了为什么不可能像欧洲人那样通过输出移民解决人口问题

当年欧洲向美洲不是移民，而是殖民，并通过战争和传染病消灭了美洲5000万—7000万人口。他们之所以能搞成是因为他们相对于美洲存在几个时代的武器和工业文明代差。皮萨诺可以用不到200人的殖民者就可以绝对零伤亡作战方式战胜印加帝国的7万主力军队，并且杀死7000多人。20世纪的德国和日本面对甚至比他们武器还好的发达国家也想这么搞，结果两次世界大战死了上亿人，德国和日本最后还是退回去了。在当今信息技术发展到地球村的时代，和全球已经有70亿人的历史条件下，告诉我们往哪里大规模移民可以解决中国多出来的几亿人口？况且全世界每年还在多出7000万人口与中国人争饭吃。当年几百个欧洲殖民者拿着火绳枪随便冲到一个未开发的地方就可以自立为总督，享受国王的待遇。今天中国人还能找到这样的地方吗？

投资移民？先给人家交50万美元或者200万加币再说。说是投资，钱能回得来还是回不来就听天由命了。人家当年移民是去抢东西的，现在你中国人移民先被别人抢一道再说吧。像当今的叙利亚和北非难民一样偷渡？读者您认为这是解决问题的方法吗？为什么有人要这么不惜一切地宁愿让中国人成为难民，也一定要鼓励多生？

（6）老龄化

人的寿命更长首先难道不是一件好事情吗？但在反对计划生育的人嘴里老龄化就纯粹成为天大的问题了。人均寿命只有 40 岁的时候无论采用什么样的生育模式会有老龄化问题吗？肯定不会有。

（7）可以移民火星

自从第二次世界大战中德国用 V-1 火箭攻击英国开始，现代火箭技术已经发展了半个多世纪了。到现在只不过把景海鹏和陈冬送到近地轨道的长征二号火箭和神舟十一号飞船飞一次成本也得上亿人民币。要造出把人送到火星的运载工具，就算技术上能行，一次单程票恐怕马云和王健林也未必买得起，就算买得起船票，在火星的生活费也花不起——吃穿用度主要还是得从地球送过去。人类需要有想象力，不过在人类的探测能力已经远达 138 亿光年宇宙大爆炸起点空间的时代，我们改造世界的能力还远远没有超出地球。要能去改造火星，那还不如先把地球上中国接近 300 万平方公里寸草不生的地方改造成好歹可以长点草再说。这种主意现在往好了说是科学探索，往保守了说权当科幻小说听听吧——不要忘了，到现在为止，人类只有一个地球！如果我们连唯一的地球家园都照顾不好，就先别幻想着去祸害火星了。人类如果把地球都快糟蹋成火星了，移民火星能有本事把它变成地球？

图 18　1972 年 12 月 7 日，即 44 年前阿波罗 17 号宇航员前往月球途中拍摄到的地球

图 19　2016 年 12 月 6 日，深空气候观测站（Deep Space Climate Observatory, DSCOVR）上的地球多色成像相机（Earth Polychromatic Imaging Camera, EPIC）又拍摄了一张地球照片。短短 44 年，地球就苍老了许多，两极冰量大量减少，沙漠化更为严重

（8）生育意愿

“即使不搞计划生育生育率也会下降。现在的问题是生育率太低，会导致人口的大幅度减少。”这话说的意思是本来我就只想生一个，但如果你规定只容许生一个那就是天大的不是。如果人们就不想生，政府规定不容许多生不是正好符合了人们的意愿？知道人的脑子是多么容易被搅昏了吧？人口的变化是一个非常复杂的过程，否则也不会有那么多专业搞人口统计的专家吃这碗饭了。中国 30 年严格推行一胎制，人口总量依然从 9.87 亿起增长了 3.81 亿达到 13.68 亿。如果不严格执行一胎制，多出生的 4 亿人口会使中国现在人地矛盾达到何种程度不是一个很复杂的问题。无论理论是什么，现实情况是中国的耕地用尽各种手段依然在不断减少。未来还会增加 7000 万人口。再强调一下，最重要的，甚至唯一的决定性因素是人口峰值与资源总量之间的关系。除了这个问题，其他问题基本都与计划生育无关。

…………

但是，1980 年面对全国文盲率超过 22%（1982 年第二次人口普查数据）的国情，中国政府能把这些道理都给老百姓讲清楚了，从而让他们自觉自愿地执行一胎的政策吗？有可能说一胎制很不好，有很多问题，但我们不得不如此，所以中国人民需要有 30 年时间执行与人的生育本能相对抗的一胎制，以保证中华民族不会陷入灾难。可能吗？到现在都还有这么多博士级别的知识分子都搞不清楚的逻辑关系，你指望 30 年前超过 22% 的人是文盲的群体全搞清楚？所以就得说，“计划生育好”“只生一个好”“计划生育利国利民”“要想富，少生孩子多养猪”。如果真把这些为推广政策的宣传语当成科学逻辑，普通人可以理解，像一些妇产科博士后、经济学博士等也这么看，往好了说是书读得太多读迂了，往不好了说就只能是别有用心。

3. 人口学的缺陷

解决粮食产量与人口数量之间关系问题的学科和专业方法有很大缺陷。这可以大致归入“人口生态学”的学科范畴，历史上主要发展了“逻辑斯蒂方程”、“土地人口承载力”和“生态足迹”等研究体系。粮食总产量最主要是基于农业生产技术和地理资源科学才能研究清楚的，想仅凭类似瓦赫宁根法等一些经验公式就去搞清楚未来粮食总产量，以及生态资源量确切是多少的问题，这怎么可能？他们想从光、温、土地、水等原始起点去推算出粮食单产，而这个过程那是农业学家研究的事情，不是人口学家研究的事情。首先在完全相同的光、温、土、水等条件下，农作物品种不同，单产以及相应的营养成分就必然会有极大差异。农业学家花费毕生精力去研究的东西，怎么能指望仅仅用几个经验公式的数学模型，完全不依靠农业学支撑就能解决清楚？但是，人口学专业里根本就没有设农业学。中国不是有那么多农业专家吗？但他们没人研究人口问题。这的确很奇怪，但真的就是这么奇怪，否则也不会有这么多人口学的学术问题存在了。专业人口学者没能力解决这个问题，有能力解决这个问题的农业学家又没兴趣做这些事情，也没人告诉他们有必要来解决这个问题。他们解决问题的思路只是从尽可能增加粮食单产和总产量角度出发，人口政策不是他们的研究范围。当年的计生委和今天的卫计委也没搞清楚确定人口政策要去找农业学家，而不是去找人口学家。

我的研究方法非常简单有效，粮食单产是多少的问题，直接调用农业研究的结果，或直接请教农业学家就可以了。然后代入《生态社会人口论》中建立的人口极限方程组就可以得到最可靠的结果。如果有问题，那也是农业学家要解决的问题，不是我要多余去解决的问题。如果要想深入研究，那就去学习农业专业学科吧！因此，我的研究起点不是原始的光、温、土地、水，而就是农作物品种、单产和更精确的不同耕地品质条件下的单产、耕地面积、播种面积以及种植技术。关键单产的数据是调用农业学科的研究成果，而不是以原始农业条件为出发点的任何经验公式。

有哪个外行敢轻易跑到高能物理领域去出书立说的吗？绝对没有。但易富贤这种搞妇产科的仅仅因为自己上本科时学过统计学，所以都敢兴冲冲地跑到人口领域说三道四了，而且专业的人口学家们还真就不知道该如何去反驳其逻辑上混乱不已的观点。这简直就是“用尽一切外行的似是而非的借口去讨论问题，唯一有逻辑关系的要素绝对回避”的方法模式大全。

如果仅仅学了统计学就自以为可以解决计划生育的问题，单纯靠谈谈“人越多越好”“一胎制会让人口以 4–2–1 的方式最后崩溃”这么简单之极的道理就以为能解决问题的话，人口学专业有那么多统计学的顶尖高手还轮得着你们来占这种便宜？真以为别人不懂那些简单之极的道理吗？易富贤等人研究过粮食问题吗？一点都没有。根本就没研究过的事情凭什么发言呢？更令人奇怪的是：这种以完全外行的方式讨论问题的观点，怎么受到中国如此之多学者、媒体人的支持？

五、不研究粮食的人口学者都没资格谈计划生育问题

仅仅根据人口统计学建个模型分析后就提人口政策是极不严肃的。一切不研究农业和生态问题的人口学家都没资格谈人口政策问题，不研究农业和生态的其他外行就更没资格谈了。是否应该执行计划生育唯一需要研究的问题就是“粮食总产量”与“人口总量”之间的关系，与此无关的讨论全都属于文不对题。这个最简单的逻辑，一个普通人可以不理解，但作为一个学者尤其是获得博士学位的人如果不理解，最善意的反应是有充分理由质疑其博士学位是怎么得来的。

一艘能载5000人的船，当上了船的人已经达到6000，并且仍然还有500人要上船的时候，突然之间有人跑来说：

船上的人实在太少了，应该尽可能地上更多人。

船上的人少教训是多么巨大。

船上人越多经济效益越好，这不是明摆着的道理吗？

为什么要违反人的意愿不让更多人上船？

上船是人的权利。尊重上船权是绝对的前提。

不用担心船会沉，船的承载力是无限的。

问题不是人太多，而只是人太少。

唯一要担心的是愿意上船的人已经太少。

下船的人太多，300年后会使船上变得没人了。

即使船沉了也会有别的船来救，在全球化的时代为什么要把眼

光只局限在自己的船上？

…………

对一个已经明摆着超载了 1000 人，并且还在更多超载的船，却拼尽一切努力，找尽一切借口，怕船上的人太少怕到快要发狂、发疯的程度，对唯一有科学联系的船会被压沉的空前巨大风险完全回避和否定，以此鼓吹赶紧让更多人上船，你真会相信这些人安的是那么好的心吗？是真的害怕已经必然会超过 14 亿的中国人相比于美国 3.18 亿人口显得实在太少、太少，少得好可怕、好可怕，还是生怕中国的巨轮不能最终被沉重的人口负担压沉、把民族空前的大灾难躲过去呢？

附篇二　人工智能对劳动力数量影响的量化研究

摘要：技术进步通过可机器化 MTF、分工和放大三个技术路径对劳动力数量产生影响。未来技术进步导致劳动力需求减少因素有：分工和放大提升劳动技术生产率 TPL，人工智能降低 MTF 门槛，通用化减少分工，5G 通信带来的人机分离突破基本生产单位劳动力刚需；增加因素有：分工创新。本文以分工和基本生产单位为基础分别建立了数学模型，并对中国的 MTF 率进行了初步分析。在大量机器换人影响下，尽管劳动力人口自然下降，剩余劳动力转移持续进行，但在提高就业率与提升 TPL 之间，中国将面临越来越艰难的抉择。

关键词：劳动技术生产率；可机器化；分工；放大；人机分离

Quantitative research on the impact of AI on labor force

Abstract: Technological progress effects on the quantity of labor force demand through the three technical path: MTF（ Mechanization Technical Feasibility ），Division of Labor and Amplification. The factors of reduction of labor force demand in the future lead by technological progress are Division and Amplification enhancing work efficiency, Artificial Intelligence reducing the threshold of MTF, the Generalization reduce division of labor, the Man–machine separation by 5G mobile telecommunication breaking the labor rigid demand in basic unit of production; the factors of increasing of labor force demand: a new division of labor. In this paper, the different mathematical models are established based on the division of labor and the basic unit of production. Under the influence of a large number of machine substitutions, although the labor force decline, the ongoing transfer of surplus labor force, but China will face increasingly tough choices between increasing the employment rate and improving TPL.

Keyword: TPL; MTF; Division of Labor; Amplification; Man–machine Separation

一、引言

一切不以人工智能为基本前提的人口回归分析，都将导致缘木求鱼的错误。时代已经完全变了。

本文以严格论文形式讨论人工智能将对中国人口研究带来的根本性变化，建立了进行相应研究的基本数学模型。如果说粮食等极限要素决定了人口发展总量的上限，那么人工智能将决定人口发展的内在结构。如果说一切不是以粮食为前提的人口研究都没有理论价值，那么一切不是以人工智能为前提的人口学研究，也都将不再有现实意义，更别提指导社会未来的发展。

工业革命进程中，工业生产的扩大，产生了大量劳动力的需求。蒸汽机以及珍妮机等更高效率机器的普及，又导致大量工人失业，引起著名的反对采用机器的卢德工人运动。现在，以人工智能为核心的技术进步必然对劳动力需求带来巨大改变。同时，因中国计划生育，以及社会生育意愿的变化，中国必然会面临劳动力数量持续下降。这些因素交合在一起，会对中国未来人口、经济和社会发展产生什么样的影响，是一个非常迫切需要解决的现实问题。

在讨论中国未来的人口政策取向时，经济发展影响是一个大家很关心的问题。而人口会以什么样的方式影响未来的经济发展，有一个观点是年轻人口应当更多（体现为人口抚养比）才有利。但是，这个结论是怎么得来的呢？现在经济学和人口研究一般都只能是基于对过去的人口与经济发展统计数据的回归分析。例如，刚刚出版了两本讨论人口问题的新书《跨越发展的陷阱——推进经济中高速增长的突破性改革方案》、《繁荣的轮回——人口变动与经济增长的一个逻辑解释》（与王元地合著）的作者周天勇，在回答财新网记者“20 年前的人口增长率决定了 20 年后的经济增长率，这个结论是怎么推出来的？如何在逻辑上论证？”的问题时说道：“我们先是通过回归分析发现这么一个规律，随后又在逻辑上把它的内在机制弄明白了。”周先生所以为的逻辑上的内在机制简单来说就是现在出生的人口，在 20 年后既会成为生产者，也会成为消费者。表面上看这是不错的，但是，这仅仅是从数量角度来说的，而没有从单个人的生产效率和人均消费量角度看问题。我在《生态社会人口论》一书中指出了：

消费总量＝人均消费量 × 人口总量

从生产角度说同样是类似的：

生产总量＝人均劳动生产率 × 劳动力总量

因此，必须从人均和总量两个方面考虑问题才全面。这一点是很关键的。如果方法和逻辑本身就有问题，那么得出的结论就必然有问题了。

周天勇先生还对记者说道："还有一个极端情况，很麻烦，就是现在的智能机器人向什么方向发展，我们不知道。"（周天勇，2017）

这下问题就来了，第一，人工智能已经很清楚将在未来成为普遍的主流生产方式和社会生活方式，而绝对不是"极端情况"；第二，人类科技的发展，尤其是人工智能的发展普遍被认为将开启新一轮的工业革命，全世界的人都在以兴奋的目光拥抱这一全新的潮流，"工业 4.0"、《中国制造 2025》等就是以人工智能为核心的未来发展计划，世界各国都在为此展开新一轮的竞赛，周天勇先生作为中央党校国际战略研究所副所长，怎么会认为这个时代的最重大技术潮流是"很麻烦"呢？第三，人工智能是认识人类未来的最关键钥匙，不知道人工智能，就不知道人类的未来。而周天勇先生坦率地承认他对此"不知道"，这显然很令人担心，以这种知识结构来指导中国的未来，将会把中国引向何方？

回归分析要有效，必须以基本的作用因素未发生根本性的变化为前提约束条件。但是，现在中国所面对的情况就是因人工智能的出现而发生根本性的变化了。因此，对以往数据的回归分析是否还有效，就要打上一个大大的问号。对石器时代的回归分析，不能适用于农业社会；对农业社会的回归分析，不能应用于工业社会；对工业 1.0 的回归分析，不能应用于 2.0；对工业 2.0 的回归分析，不能应用于 3.0；对工业 3.0 的回归分析，不能应用于 4.0。也就是说，在今天人工智能的时代，周天勇先生只能是以工业 3.0 时代之前的数据进行的回归分析已经不再有现实的意义。

人口的生产必须包括机器人，机器人不仅具有生产者属性，也具有消费者属性。因为机器人也要消费机器人生产材料、传感器、芯片、软件以及电力。人作为劳动者的生产周期长达 20 年，但机器人的生产周期以小时计算。这毫无疑问会给未来人口研究前提带来巨大的改变。

二、技术进步与劳动力关系研究的历史与现状

亚当·斯密在《国富论》中第一篇前三章内容论述的分工展示了工业文明对劳动力需求增加和减少的双重影响。马克思在《资本论》第十三章中把机器分解为“发动机、传动机构、工具机或工作机”，并详细讨论了它们与人的手和脚的延伸及替代关系。

人口红利理论认为，1965—1990 年东亚经济增长中多达三分之一的增幅要归功于人口结构变化（David E. Bloom，Jeffrey G. Williamson，1998）。人口红利与人口抚养比不同，后者是一个客观的数据，但前者“红利”本身就是一个带有倾向性的观点，它认为只要人口总抚养比低于 50% 一定有利于经济发展，而高于 60% 属

于人口负债，不利于经济发展。这一理论并未充分考虑劳动技术生产率（Technical Productivity of Labor，TPL）极大提升情况下的影响。

“刘易斯拐点”理论描述了农业剩余劳动力如何向工业领域转移的数学模型（W. Arthur Lewis，1954）。这个模型只是在必要的农业劳动力（不可机器化的劳动力）占全社会劳动力比例接近甚至超过50%时才近似成立，本质上它的逻辑是有缺陷的。在当今必要的农业劳动力总量占比仅仅1%—5%的时代，刘易斯模型已经不再适用，应代之以“劳动供给有限条件下的经济发展”模型（汪涛，2015）。

现在关于人工智能与劳动力的关系问题争论非常激烈，但是人们在分析这个问题时都严重缺乏真正科学的依据。对技术进步如何影响劳动力总量，目前整个学术界事实上还没有一个系统的数学模型，在此情况下，一切所谓的分析和预测都是想当然的。本文的目标就是建立相应的模型并进行量化分析。

三、改变TPL的三大技术路径

TPL是指单位时间内，单位劳动力创造的产品数量。因不同产品相互间的技术特性不同，因此,TPL只能针对特定产品来进行定义。例如，某企业智能手机的劳动技术生产率为每个工人每天生产多少部手机，这个数据显然不能应用于服装行业。相比而言，一般经济学所指的劳动生产率（Productivity of Labor）其实只是指劳动价值生产率（Value Productivity of Labor，VPL），它可以有适用于全社会的统一货币定义。VPL的提升可以通过提升TPL实现，也可以通过提升产品的品质实现，甚至还可能只是通过市场垄断地位的提升来实现。因此，仅仅笼统地分析经济学上的劳动生产率是远远不足以解决与劳动力的关系问题的，更为核心，尤其是对劳动力影响最主要的因素是 TPL。提升 TPL 是提升 VPL 的根本途径，只有通过它才可以有效实现劳动力收入提升、消费者获得更便宜产品、企业获得更好效益之间的完美统一。设劳动力需求量为 L，产量为 Q，依 TPL 定义有：

$$L=Q/TPL \qquad (1)$$

由此可见，产量 Q 和 TPL 都会影响总的劳动力需求。假设在 Q 不变的条件下，技术进步减少 L，就是通过增加 TPL 来实现的。它的技术路径主要有三个：MTF、分工、放大。

1. MTF

可机器化（Mechanization Technical Feasibility，MTF）就是原来由人工做的工作，转变成机器来做的技术可行性。早期的机械技术只能实现相对简单的工作逻辑，因此，一般只有实现标准化的工作才有可能转化成机器来实现。这个阶段的 MTF 几乎等同于标准化。即使看起来很简单的工作，如果不能标准化，就只能由人来完成。例如，将车上的货物搬到仓库里，需要判断车上的货物在哪里，将其拿起后从哪里走，放在仓库的什么地方。尽管这些工作智能活动很简单，因难以标准化，过去就只能由人来做。

我们采用“MTF 率”Rmtf（可机器化率）来表达现有劳动力总量 L 中可实现机器化的数量 Lmtf。

$$Rmtf = Lmtf/L \quad (2)$$

MTF 只进行技术可行性分析，不考虑经济与现实可行性。Rmtf 越高，说明了技术投资进步的潜力较大，或技术投入不足。反之，则说明技术发展更充分。如果所有技术上可能机器化的工作全都实现了机器化，Rmtf 就为零。

MTF 可以从三个方面来理解。

一是从单纯工作和技术本身角度看，某一项工作技术上是否可被机器化。

二是从现在已经成熟的技术看，某个社会的 Rmtf，也就是说，某些技术在一些发达国家已经普遍替代人工了，可是另一些国家依然是靠人力来完成。对于这些技术落后国家来说，这些技术上已经可替代人工的数量，就成为 Lmtf，并对应一定的可机器化率 Rmtf。最显著的情况是农业，发达国家农业劳动力占比基本都在 1%—5%，农业生产工作基本实现了机械化，而相应的工作在发展中国家还是依靠大量农民手工来做。

三是从未来技术发展角度看，现在不能被机器化的工作，未来是否可以被机器化，对应的 Rmtf 是多少。

因此，在谈 Rmtf 时需要注意，它是相对什么状态和历史阶段的技术水平，以及现有社会技术发展程度来说的。

2. 分工

亚当 · 斯密用生产扣针的例子讨论了分工对提升生产效率的巨

大影响。它可将单人每天生产最多不过 20 枚提升到 4800 枚。它一方面减少了对人工的需求，另一方面又通过 18 个工序的分工创造了新的社会化生产方式，由此会创造全新的劳动力需求。如果是完全创新的产品、行业等，会以更大的能力创造新劳动力需求。

$$L_{分新}=\sum_{i=0}^{N}L_i \qquad (3)$$

式中 $L_{分新}$ 为分工全新创造的劳动力数量，N 为原生产过程之外新增分工总量，L_i 为第 i 个新分工的劳动力需求量。

$$L_{分减}=Q\left(1/分工前\ TPL — 1/分工后\ TPL\right) \qquad (4)$$

$L_{分减}$ 为分工后因 TPL 提升而减少的劳动力需求量。劳动力变动情况，是上述分工创造和减少的劳动力综合影响。需要特别注意的是：如果完全是替换原生产过程中的新分工，一般并不会带来新的劳动力需求增加，因此这种分工并不包含在（3）式计算中。只有当分工带来替换原生产过程之外的新工种，才会真正有新增劳动力需求。例如，以上扣针生产案例中，18 个工序的工位创新并不会真正增加劳动力需求，因为分工后劳动技术生产率提升只会减少劳动力需求。只是因新增这么多工位的人员，需要另外新增如培训师等配套的或相关的全新工作时，才会实际增加劳动力需求。假设需要生产的扣针总量是每天 4.8 万枚，完全新增的分工人员为培训师 2，厨师 2，保安 4，管理人员 3。

$$L_{分前}=Q/分工前\ TPL=48000/20=2400\ 人 \qquad (5)$$

$L_{分后}=Q/$ 分工后 $TPL=48000/4800=10$ 人　　　　　　　（6）

$L_{分减}=48000\times(1/20-1/4800)=2390$ 人　　　　　　　（7）

$L_{分新}=$ 培训师 + 厨师 + 保安 + 管理人员 $=2+2+4+3=11$ 人　　（8）

$L_{分净}=L_{分前}-L_{分后}-L_{分新}=2400-10-11=2379$ 人　　　　（9）

3. 放大

机器的采用主要会给生产过程带来三个方面的重要影响：

（1）减轻人的劳动强度。这个既不会改变 TPL，也不会改变 VPL，而只会改善工作条件。人徒手搬运 50 公斤的货物会很辛苦，如果用手工叉车等工具搬运 50 公斤货物会很轻松。虽然工作效率可能并无变化，但人的劳动强度极大减轻。

（2）提升产品的品质。这个不会改变 TPL，但可能会改变 VPL，因为更好的品质会带来更高的价格和更大的市场。

（3）通过放大提升 TPL。所谓放大就是通过机器的使用，使人的能力倍增。如开一辆载货 1 吨的货车，与开一辆载货 10 吨的货车，司机都是一个，但运送货物的 TPL 却差 10 倍。与徒手运货相比，TPL 更是提升 2 个以上数量级。

放大带来的劳动力需求减少 $L_{放减}$ 影响可用（10）式表达。

$L_{放减}=Q$（1/ 放大前 TPL – 1/ 放大后 TPL）　　　　（10）

四、三大技术路径减少劳动力需求的限制

1. MTF 的限制

在过去，能否标准化就是 MTF 的技术制约。另外，在经济和现实可行性上也存在制约。例如，大量工作从发达国家转移到新兴市场，尤其是中国，并不一定是其技术上不能采用机器，而是因为后者劳工等要素成本太低，使发达国家即使采用机器化生产，综合成本依然更高。

2. 分工的限制

分工之后会带来分工间的协调等新问题，并不是只要更多分工，就一定会增加生产效率。例如软件生产，并不是开发人员分工越细，生产效率就越高。同一项目的软件开发人员多了，协调问题会急剧增加，从而导致效率不再提升甚至下降。

3. 放大的限制

放大可能会存在“基本生产单位”劳动力刚需问题。例如，1 吨的货车需要 1 个司机，10 吨的货车也要 1 个司机。每辆货车就是一个基本的运输生产单位，如果不能无人驾驶，对司机的劳动力需求就存在着刚需。另外，放大能力更强的机器会存在市场需求的限制。如在快递行业，终端的快递人员不可能开 10 吨的大货车去挨家挨户送货，不仅是道路不容许，主要也是没有那么大市场需求。他们只能开着几百公斤的小货车，甚至只能开着几十公斤的电动自行

车去送货，这就必然对应更大的劳动力需求。

五、技术进步影响劳动力的数学关系

1. 分工数学模型

设 L_d 为分工后的劳动力数量需求总量，N 为分工总量，L_i 为第 i 个分工的劳动力需求量，则有：

$$L_d = \sum_{i=0}^{N} L_i \qquad (11)$$

这个数学模型可应用于企业、行业，也可应用于全社会。

假设某公交公司有人员司机 100，售票员 200，财务 10，保安 20，汽车维修 30，行政管理 40。应用（11）式可得：

$$L_d = \sum_{i=0}^{N} L_i = 100+200+10+20+30+40 = 400 \qquad (12)$$

2. 基本生产单位数学模型

设 L_p 为基本生产单位确定的劳动力需求总量，M 为基本生产单位总量，L_j 为第 j 个基本生产单位需要的劳动力数量。则有：

$$L_p = \sum_{j=0}^{M} L_j \qquad (13)$$

还是以上述公交公司为例，假设其有 100 辆车，每辆车必须配 1 名司机，2 名售票员。而其他 100 个不同岗位的人员是每辆车分享的。每辆车的人员是 1+2+1=4 人。

$$L_p = \sum_{j=0}^{M} L_j = 4+4+4+\cdots = 400 \qquad (14)$$

从这里可以看出，L_j 是有可能因分享一些人员而可能出现小数。但最终的劳动力数量我们假设肯定是整数。

以上两个数学模型对同一定义范围内的劳动力数量计算应当是一样的。

技术进步通过改变以上 N，M，L_i，L_j 等参数影响劳动力需求总量。

六、未来技术进步对劳动力需求的新影响

1. 新变化

与标准化的 MTF 传统路径不同，人工智能等的确出现了全新的影响因素。主要是三个：

（1）人工智能极大降低 MTF 的门槛；

（2）通用化减少分工；

（3）通信实现人机分离。

这三个途径并非独立起作用，而是综合一起产生影响的。

2. MTF 门槛降低

1950 年 10 月，阿兰·图灵在《机器能思考吗》的著名论文中提出了判定机器是否具有智能的测试法则，主持测试的人与封闭房间的机器或被测试的人对话，如果该封闭房间的机器回答问题时无法区分出是机器还是人，就可判断它有智能。但是，这个对智能的测试定义很可能使人们产生极大的误会。如果机器的表现与人完全无异，意味着机器可以完全替代人了。这一方面让很多人对人工智能感到很恐惧，类人机器人的开发更是引起社会大众不着边际的想象和大量误会；另一方面，有人又认为人工智能的实际水平要与人一样还遥不可及。这两方面的极端看法都严重干扰了对人工智能在现实中应用的正确理解。人工智能这个概念并不是新的，它是美国数学家、计算机科学家 McCarthy 在 1956 年正式提出的概念，至今已经发展了 60 多年。人工智能也是人类发明的工具，它依然遵从一切工具最普遍的原则。人类把工作从人转交给机器永远都是从两方面同时努力的：

（1）对工作进行规范、简化和标准化，以适应机器现有的能力；

（2）不断增强机器的能力，以适应更复杂或更高要求的工作。

以上原则不仅对机器人适用，即使人来做任何工作，也要首先进行培训和规范作业程序，不应当去没有任何规范前提地讨论人工智能问题。它不需要“完全与人一样”，只要在 MTF 上比过去门槛更低就会有效产生相应的作用了。更重要的是：机器也不应该“完全与人一样”，而是在严格规范和限定的工作能力方面要超过人类（不是漫无边际的一切方面都超过人类），才会使机器换人有实际意义。

例如，并不需要去开发在任何条件下都能与人一样开车的“无人驾驶程序”，它只要能在一定规范的特定条件下无人驾驶就足够了。地铁是在严格限制的线路上行驶的，它遇到的问题远远比在公路上简单得多，因此，虽然汽车无人驾驶还有待成熟，但无人地铁驾驶系统已经在正式商用化。2016 年 12 月 28 日，由中车长客公司自主研发的 GoA4（Grades of Automation 4）级全自动驾驶地铁在香港南港岛启用（中车长客，2016）。2017 年，内地有多个无人地铁驾驶系统也有望在北京燕房线、上海 8 号线等投入运营。欧洲的巴黎在 1998 年开通的 14 号线就开始了世界上最早的地铁无人驾驶系统。更进一步，只要能使货车在严格规划的高速公路上行驶，大量长途货车司机岗位就可以被特定的“高速公路无人驾驶系统”替代。

最初的仓库搬运机器人并不是自动识别仓库里的空间和线路，而是根据预先埋设的电子装置辅助发现路线。而当机器视觉的空间识别算法突破以后，就可以不依赖于这种预埋装置进行线路识别。这就是 MTF 的门槛不断降低的过程。如果问家庭保姆的工作能否被机器人替代，这个问题是很难回答清楚的。但是，如果把问题只是限定在布局良好的家庭扫地问题，现在家用扫地机器人就已经大规模上市了，根本不是什么 30 年以后才会替代人工。

由于深度学习算法、硬件计算能力、大数据、5G 通信网络等的突破，人工智能正掀起一波前所未有的浪潮，使 MTF 的门槛不断降低。

3. 通用化持续减少分工

标准化本身就具有一定程度通用化的性质。标准化减少了定制化的分工类型。

人工智能的发展使产品通用化程度越来越高，大量的市场需求，本来是用特定的细分专业产品来满足的，而现在越来越多地被通用型机器上的部分功能替代了，相应产品和行业的劳动力需求随之完全消失。例如，移动短信只是手机的一个功能，但它替代了整个电报和寻呼行业。中国 1984 年开始发展寻呼业务，随后即高速增长，到 2000 年发展到 8400 万用户。但 20 世纪 90 年代末移动短信业务一开通，寻呼业务就开始转入下降，到 2005 年年底仅 5 年时间就暴跌到不足 100 万，整个行业基本消失（马斌，2002）。

现代的智能手机所具有的通用性就像黑洞一样，把过去的手机、收音机、录音机、学习机、音乐播放器、数码相机、摄像机、车载 GPS 导航仪、电脑、电视……部分或全部取代。PC 自从 20 世纪 80 年代出现后，长期保持两位数的高速增长。直到进入 21 世纪后的前 10 年，依然保持良好的增长状态。自从 2007 年苹果推出 iPhone 智能手机，PC 销量就很快停止增长并转入下滑。2011 年 PC 达到全球 3.528 亿峰值后（腾讯科技，2012），一路下降到 2016 年的 2.697 亿（Gartner，2017），减少了 8310 万。随着业界新开发手机支持电脑屏显示、键盘输入等类 PC 功能，加上手机芯片性能正赶超 PC，未来智能手机替代 PC 的趋势还会更加猛烈。

进入 21 世纪初，数码相机的销量曾以年均 38% 的比率爆炸性增长。但智能手机出现后，其增长势头马上停止。2010 年达到 1.215 亿的峰值，随后就开始进入雪崩一样的下降趋势，到 2016 年仅剩 0.242 亿。6 年时间就下跌了约 80%（CIPA，2015；2016）。整个数码相机行业已经接近消失，相应的劳动力需求自然也会随之接近消失，同时手机产业的劳动力却几乎不会因此而有任何增加。

人类作为劳动力，其本质优势无非就是其“通用性”和“智能复杂性”，而人工智能替代掉的就是通用且有一定智能复杂性的劳动。这种替代永远不意味着对人类劳动的需求完全消失，却一定意味着对人类劳动需求数量上的巨大减少。

4. 新的 5G 通信将大量实现人机分离

通信实现人机分离对劳动力的重大影响过去人们很少意识到。本质上说，人机分离不依赖于人工智能就可实现机器的“无人化”。早期的无人机或水下机器人等其实并不具有任何智能，它只是由人通过通信手段远程操控的机器。人类对机器的一切操作，其实都是一个人类操作信息向机器传递的过程，本质上只要信息传递的技术性能足够，就可以将人与机器分离开。原来飞机的操控是通过机械装置直接将飞机驾驶员的操控手势传递给行动机构，而电传控制技术则将操控信息先变成电信号和光信号，再通过光纤传递给行动机构。如果将控制信号的传递路径拉长，驾驶员不在飞机上，也就变成无人机了。

原来由于通信技术和成本的限制，难以普遍地实现人机分离。因此，机器操作人员必须与机器在空间上高度捆绑在一起，这样的结果不仅导致大量劳动力的刚需，也会导致相应工作时间的大量浪费。例如，要开长途货车一般必须是两个司机轮换着开，由于都必须在车上，一个人开车的时候另一个人只能闲着休息。公交车售票员一般只是车开关门时必须干活，车辆行驶过程中大多时候是坐在车上没事干。

但是，一旦通过人机分离实现机器的远程操作，就解除了人机空间上的捆绑。这样带来的一个很重要结果是突破了原有的刚需。如果同时实现更高智能，1 个人工，或 1 个工作小组可同时操作越来越多的智能机器。

5G 将是通信技术上一个巨大的飞跃（IMT–2020，2015），其带宽可超过 10Gbps，比 4G 提升了 2 个数量级以上，并且专门设计了面向物联网、车联网的技术特性（王毅，2017）。这些可很容易实现对各种机器的远程实时操控应用（科普中国，2016），结合大量传感器的使用，使得任何机器的远程操控，几乎与在现场是一样的。事实上，绝大多数机器操控无论是机器工作状态的信息量，还是人工控制的信息量都不是很大，真正信息量巨大的还是视频。只有充分的现场高清晰视频信息，才可以使远程操控有身临其境的现场感。以往 3G 尤其是 4G 已经可以在一定程度上实现视频的传输，但因视频信息量太大，用它们传输大量远程高清视频的成本过高。5G 不仅可以提供清晰度高得多的多路视频，而且会使普遍的高清视频传输成本变得极低，并且时延极短，从而可以为普遍的远程机器实时操控提供客观的现实条件。

“人可以远程干预或辅助智能机器人”是一种更为普遍的人机关系。事实上，即使人类也并非绝对自主工作，他们同样是在可作更多复杂决策的更高级别领导远程干预或辅助下相对自主工作的。所以，别去空洞地想象完全自主的人工智能和机器人，人都不一定做得到的事情，你让机器人怎么做到？

表 1 中国移动通信发展的进程历史，可以使我们对中国 5G 进程有个基本的预计：

表 1　中国移动通信发展进程

移动技术	开通或发牌照时间	跨代的时间间隔（年）
1G	1987 年 11 月 18 日	
2G	1995 年	8
3G	2008 年 12 月底	13
4G	2013 年 12 月底	5
5G	2018 年（预计）	5

4G 从 2013 年年底开始商用，仅用了 3 年时间就达到 7.7 亿用户（工业和信息化部，2017）。2017 年，2G 会退网，2018 年 3G 也会开始退网。5G 用户从 2018 年年底开始发展，最多 5 年内就可完全普及。也就是到 2023 年中国 5G 用户量就会超过 13 亿。以此网络为基础的人工远程干预条件下的无人智能机器将会大行其道。对 5G 发展的这个时间进程判断即使有某些出入，最多也就是一两年的偏差。

七、综合分析

1. 两方面影响总结

综合本文分析，技术进步导致的劳动力需求减少和增加两方面影响汇总如下：

（1）减少因素。分工、放大提升劳动效率；人工智能降低 MTF 门槛；通用化大量减少分工；人机分离突破劳动力刚需。

（2）增加因素。分工，尤其是创新的行业增加的劳动力需求。

要评价最终效果究竟是什么，需要比较以上两个方面的因素哪个优势更大。在不同的发展时期，以上两方面因素的优势程度是不一样的，因此对劳动力总量的最终影响也不尽相同。

2. 经济可行性与现实可行性分析

（1）经济可行性

技术进步替代劳动力经济上是否可行，可通过以下数学关系进行评估。

$$L_{新} \times C_{新} + Cmtf - Imtf < L_{原} \times C_{原} \qquad (15)$$

（15）式中，$L_{新}$为机器化以后总劳动力数量，$C_{新}$为机器化后平均劳动力成本，$Cmtf$为进行机器化的投入成本，$Imtf$为机器化后因为产品的品质提升，供货保证等而增加的收益，$L_{原}$为机器化前的劳动力总量，$C_{原}$为机器化前的劳动力平均成本。

在智能水平相同情况下，培养一个劳动力的成本是相同或越来越高，随着经济发展，劳动者收入（对应的就是平均劳动力成本）增加也是一个社会福利要求。但人工智能一旦进化到某个水平，在这个水平上的产品成本就会随着规模效应持续大幅度下降。例如，两轮平衡车是一种较早出现的人工智能交通工具，2001 年 11 月美国 Segway 公司最初刚推出时价格为 10 万—16 万美元。但现在中国京东等电子商务网站上，这种产品价格普遍在 600—3000 元人民币，只有 10 多年前的 0.2% 左右。因此，一旦某个工作通过人工智能实现可机器化，它的经济可行性一般都会越来越高。

另外，原来劳动力的成本大小，也会对机器换人的成本对比产生巨大影响。华尔街的分析师们预言人工智能将会替代货车司机等工作，但非常讽刺的是，华尔街的分析师们自己，以及交易员等却是第一批被人工智能替代掉的工作岗位。2016年年底，哈佛和麻省理工的几名数学博士研究出了一个大数据智能分析处理引擎Kensho。Kensho旗下有一款叫作Warren的产品，类似于不iPhone手机里的Siri。原来金融分析师们需要每天连正常作息带加班干15个小时以上才能完成的工作，Warren在以秒计算的时间内就可完成了。华尔街的初级金融分析师的年薪也在8万美元以上，而2016年这些高薪岗位因为Kensho的出现基本上全部消失了。2000年，高盛纽约股票交易柜台雇用了600名交易员，他们专门为大客户进行股票交易，而现在只剩2名。2016年3月10日，国际四大行之一的德勤宣布与Kira Systems联手，将人工智能引入会计、税务、审计等工作中。仅仅1年后，2017年5月，德勤就宣布推出财务机器人。早在2014年美联社就采用了Automated Insights公司的Wordsmith新闻机器人平台撰写财报、体育、娱乐等新闻文章。Wordsmith每周可以撰写的新闻稿数量可达数百万篇。这可以得出两个结论：

一个是这些分析师、交易员、会计师、律师、新闻记者等，他们的薪资更高，其工作岗位被替代掉带来的经济价值更大。

另一个结论是真从“智能”角度来说，货车司机所需要的智能未必比华尔街的分析师更低。分析师需要更高的教育水平，但他们的工作只是需要更多的知识和信息，而这些是很容易通过网络和计算机解决的问题。但货车司机的工作虽然需要的教育水平更低，但他们对路况的视频信息接收和判断，以及操作货车的动作控制，如果要通过人工的技术去替代却困难得多。

无论哪个领域，一旦相应的工作实现可机器化，意味着相应领域的人工可能全部，即近乎 100% 地被替代。

（2）现实可行性

现实可行性包括体制、人才、资金、市场、政策等，因非本文主题，不再展开讨论。

（3）未来新增劳动力需求约束

未来新增劳动力有以下方面约束：

i. 剩余劳动力从农业转向工业，从工业转向低端服务业的过程中，对劳动力教育水平要求差异不大。但在本轮转移中，对教育水平有极高要求。这是一个挑战较大的工作。

ii. 人类的需求虽然不断在增加，但本质上还是围绕“衣食住行，生老病死，文化娱乐”。绝大多数创新只是新旧产品市场的替代，全新的增量需求创新空间有限。

iii. 产业跨国转移主要是基于发达国家消费存量需求，并不是接受转移的新兴市场国家自身分工和需求创新的结果。机器换人在技术和经济上的可行性增加，会降低新兴市场国家低价劳动力优势，从而降低产业跨国转移对应的新增劳动力需求。

4. 中国未来劳动力剩余

（1）农业 Rmtf

截至 2015 年，中国还有 2.1919 亿农业劳动力，耕地 20.25 亿亩（国家统计局，2016）。美国约有 25 亿亩耕地，20 世纪 80 年代农业劳动力就已经降到300万以下，在总劳动力中的占比接近1%。其他发达国家也都与这个水平差异不大，在1%—5%。中美之间按农业劳动力人均耕地计算有100倍以上的TPL差距。即使按现有技术水平考虑，中国农业生产领域Rmtf也可达98%以上（不考虑老龄化等导致的净退出量）。对这个问题一定要有非常清晰的认识，这个Rmtf与所谓人工智能等未来技术发展趋势并没有任何关系，而是完全以几十年前人类社会就已经实现的农业生产技术为基础来评估的。就算中国农业劳动力减少到300万以内，也只能算达到美国20世纪80年代的技术水平，对应的剩余劳动力为2.15亿以上。虽然中国耕地状况更复杂，如果采用更新的智能化农业生产技术，MTF的潜力更大。因此，如果中国不加快农业领域机器换人的步伐，将TPL提升100倍以上，就无法解决农业生产的国际竞争力问题。由此可知，那些认为中国已经进入刘易斯拐点，劳动力供给已经成为问题的观点荒唐到什么程度。即使麦肯锡认为"人工智能30年后会替代一半现有工作"预言是完全正确的，也别以为这个预言对中国有任何现实价值。别说是人工智能，就是现在已经完全成熟的技术就已经可以将中国劳动力的总需求降低一半以上，农业劳动力更是可以减少98%以上。如果不让这2.15亿农业劳动力离开农业生产领域，唯一的结果只会是降低中国农业生产率水平。

（2）中国农业劳动力转移趋势

2016年10月30日，中共中央办公厅、国务院办公厅发布《关于完善农村土地所有权承包权经营权分置办法的意见》。该意见提出，逐步建立规范高效的"三权"运行机制，不断健全归属清晰、权能完整、流转顺畅、保护严格的农村土地产权制度，为发展现代农业、增加农民收入、建设社会主义新农村提供坚实保障。

事实上，土地流转从2005年就开始了。当年，以农业部令第47号发布《农村土地承包经营权流转管理办法》，该政策2005年3月1日起执行。但因为流转过程中存在很多问题，这个进展一直很慢。一方面这个工作不得不做，另一方面中国政府对土地流转问题又非常慎重。其原因在于：如果这个过程变成土地兼并，在此过程中失地的农民太多，一旦遇到不好的年份，太多失地农民成为流民，就可能会导致整个社会真正的大动荡。因此，从2005年到现在花了这么长时间进行各种实验，就是要寻找到可以兼顾各方面利益的最佳方案。如果不让农民失去承包地，流转者要去与太多农民打交道，不仅成本太高，而且一旦有任何农户中途反悔，大量土地承接者的利益就会受到极大损失。对少量不遵守合同的农户，以法律维权或其他方式维护不仅成本太高，而且也缠不起。这些是投资者感到畏难的关键原因所在。

“三权分置”的办法是实践中摸索出来的方法。其实，真正关键的不是表面上的三权分置，而是通过这种分置将农村土地资产在“土地合作社”等一级统一起来，流转者只需与单一的合作社打交道，而不再与单个农户去打交道，极大简化了土地交易过程。双方的权益有可能通过法律获得相对双方大致平等的保障。一定程度上说，这是另一次“社会主义改造”，只不过它是以保持土地家庭联产承包权为前提条件而进行的。为什么现在农村迫切需要“社会主义改造”？因为农业大生产方式需要农业土地使用权的集约化。

这个办法出台会有什么结果？它将会极大促进农业用地的流转。

中国在家庭联产承包改革之后，每个农业劳动力生产的土地非常少。直到2015年，中国农业劳动力总量占全社会劳动力比例还是在30%的极高水平。平均每个劳动力耕地面积为8.5亩，而美国同时期为2721亩。美国没有“农民”，只有“农场主”。道理太简单了，一切人均只有8.5亩耕地的农民只可能是穷人，无论种什么都发不了财。但美国农场主只可能是富人，一个人种2721亩地，无论种什么东西想不发财都是不可能的。因此，未来20年，就是中国农业劳动力人均耕地从8.5亩迅速向2721亩，乃至3000亩以上爆炸性增长的时期。这将是中国真正从农业社会向工业社会、信息社会和发达国家迈进的时期。

同时，中国从农业生产过程中剩余出来的劳动力将会持续20年有大量富余。无论理论上如何定义，所谓“人口红利消失”对中国都将不再有意义。只有当中国将还在农村的2亿以上农业劳动力剩余出来，具有高学历的全新农业劳动者注入农业，伴随农业机械化、信息化、智能化的过程，使总量减少到300万以下，成10倍、100倍地提升农业劳动生产效率，中国才能真正说已经赶超世界先进水平了。这是一场“新的知识分子上山下乡运动”，当然不再是过去概念的“接受贫下中农再教育”，而是“将贫下中农转移到城市”，自己去做农场主、农业资本家。

中国突破土地流转的难度的确非常大，而一旦突破，中国土地集约化的进程会在制度上超过美国。因为美国的土地是私有的，现在如果哪个农场主要扩大生产规模，就必须从其他农场主手上买下整个农场，这个门槛会非常高。一是你想买，别人也要愿意卖。如果别人的农场是祖传的，那就不完全是经济的问题，而且还有感情因素在里面。如果农场主死活就是不卖，别人也没办法强买。二是就算对方同意出售，只有整个农场一起卖，才能在农业生产上获得更大规模效益。如果分拆出售，那就只适合用来建房子了。而整体购买在投资上不会是一个小数目。但中国农业土地所有权原则上是国家的，流转的只是经营使用权，连承包权都不是。这个流转只是一个合同，需要支付的费用是每年进行，而可以不是一次性支付，并且是有年限的。如果生产技术更高的农场主要扩大规模，可以更容易得到更多流转的土地。从技术上来说，一个现代的高科技农场主经营 1 万—10 万亩土地都不是问题，一旦这个过程开始，中国土地集约化的程度完全有条件迅速超越美国。因此，未来中国高科技农场主的数量减少到 300 万以内并不是多么难以想象的事情。这将是中国未来 20 年经济发展最强大的内在增长动力。它对全社会带来变化和对经济增长的推动途径如下：

这一进程并不会直接带来农业总产量或总产值的明显增加，而主要是相同的产值需要的劳动力大幅度地减少，生产技术水平和技术改造投资极大地提升。因此，它直接推动的是农业投资的大量增加、集约化程度的显著提升、技术水平的飞跃性进步。

农业生产技术和智慧化、精细生产水平的提升，甚至农业机器人的大规模采用，在提高劳动生产效率的同时，也会比传统农业单纯依靠种子改良和使用化肥更大幅度地提升粮食单产。水肥一体化等技术的使用同时还会极大增加水、肥和农药的使用效率，减少浪费，这也是促使中国政府加大农业集约化程度的强大动力之一。由此会使农业劳动力需求大量减少。这些富余出的农业劳动力和家人将转向城镇生活，从而加速城市化过程，带来城镇建设的飞速投资和发展。

这些大量富余出来的劳动力一方面可以弥补工业发展所需，另一方面，他们更多地将转向适应他们文化水平和能力的普通第三产业。如乡镇旅游、餐饮、物流、酒店、商业、建筑等行业。现在大力发展特色小镇、田园、民宿等农村旅游产业，就是要为这2亿多农业劳动力寻找到一条离开农业后的出路。

未来20年将需要300多万本科生，甚至硕士、博士研究生等高学历的人才到智能化的农业生产过程中去，他们将成为未来中国人均年收入数百万到以千万计算的最富有劳动者群体。当一个人种3000亩地，每亩地只要年利润1000元，就可以有300万的利润。如果年利润做到每亩3000元，就可以有1千万。如果种1万亩地呢？那就不用计算了，谁都明白。

当你种3000亩、1万亩、10万亩地的时候，现在很头疼的种子、化肥的价格和质量问题也都没了。哪个厂家敢得罪这样的大客户？况且一次卖3000亩甚至10万亩地的种子、化肥和农药，物流成本也远低于卖给只种不到10亩地的农户。现在有的水肥一体化自动滴灌生产技术已经做到不用零售包装的化肥，把散装的化肥整车直接从厂里拉到集中的大田滴灌控制点就可以了。

未来20年上山下乡的“知识青年们”，这一次可真的是“广阔天地大有作为”的时候了。根据统计，在始自1978年的改革开放头21年农村剩余劳动力转移最快速的年份，年均转移的剩余劳动力数量为1150万，总计转移了2.415亿。因此，未来即使考虑到农村人口和劳动力自然下降因素，2亿以上农村剩余劳动力完成转移也大致需要20年时间。而另一方面，未来工业对劳动力的需求状况也将因为技术和产业升级而发生巨大的变化。工业机器人的大量采用，以及人工智能的爆发性发展将极大减少未来工业生产过程对农村剩余劳动力的需求，甚至会减少大量低端服务业对农村剩余劳动力的需求。因此，未来中国2亿农村剩余劳动力如何转移的问题将成为一个巨大的挑战，当然它也是一个延续人口数量红利的机遇。

（3）工业和低端服务业 Rmtf

近年来，中国大力推动机器换人，使得工业机器人销量持续高速增长。

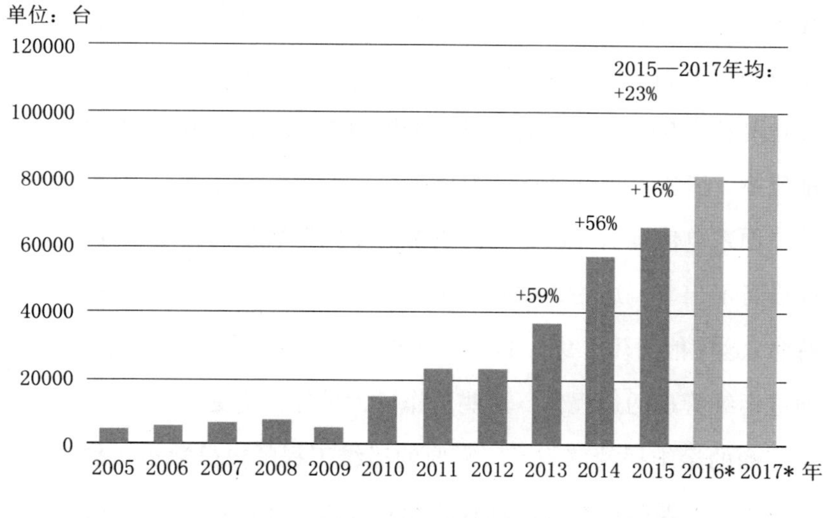

图1　2005—2017年中国工业机器人销量及预测（机器人网，2016）

工业机器人的使用暂时还没有大幅度改变原生产线上的分工，它主要是通过智能化替代生产线原有工位上的人工。如果仅以现在单个机器人相同时间内工作效率看并不比人高多少。但是，除少量维护外，机器人可以 365 天，每天 24 小时不停地工作，每年有效工作时间可以至少比人高 3—5 倍。因此，每台工业机器人即使直接工作效率与人完全一样，也可替代 3—5 个人工。如果生产过程完全机器人化之后，有针对性地提升生产过程的速度，其替代人工的能力会更高。根据对现有工业生产流程和现有智能机器人技术水平的初步分析，绝大多数领域生产线上的 Rmtf 都接近 100%，即，整条生产线上的原工位，以及生产线之间连接的搬运工作已经全部都能被机器人取代。新增操作、维护、后台管理人员只是原劳动力数量的不到 1/10。

未来，机器人工厂操作维护和后台管理的人员比例还会大幅度地越来越小。因为实现远程操作维护后，未来全社会机器人工厂市场总规模大到一定程度，这部分工作就很容易实现外包服务，由最专业的技术公司（很可能本身就是机器人生产和集成商）来更高效地集中。事实上，这种运维的外包早已经在电信运营商领域开始普及。原来电信运营商设备机房里都需要固定数量的运维工程师。只要设备不出事，这些工程师即使无所事事，也只能待在机房里随时待命，这使他们几乎 95% 以上的工作时间事实上都是空闲的。但是，通过运维管理的远程化，这些工作可大量外包给更专业的通信设备生产商的运维托管部门，所需要的运维工程师也呈数量级地减少。未来各类机器的运维管理远程化和外包化会在全社会减少大量的各类机器人的运维工程师的需求。

随着机器人智能水平的迅速提升（徐征，2017），在低端服务业领域，相对标准化的工种 Rmtf 也接近 100%。如加油工、高速收费、市政保洁、银行及电信运营商等柜台工作人员、货车及公交司机……一些行业通过将工作更加标准化，也可大幅度提升 Rmtf。如建筑行业原来纯属工程领域，难以机器化。中国三一筑工、远大住工等公司发展的装配式建筑，将建筑构件在工厂标准化生产，现场只需简单装配，这在根本上改变了建筑的标准化程度，从而极大降低了 MTF 门槛。记者、律师、分析师等行业里可以相对标准化的简单部分，如特定行业简要新闻、特定问题的法律分析咨询、呼叫中心坐席等都可被人工智能替代，Rmtf 为 50%—90%。

中短期内机器化可能性较低的主要是市场营销、研发、科学研究、创投、创意、演艺等智能和复杂度较高，以及情感性较强的工作。因此，目前工业及低端服务业领域的总体 Rmtf 在 60%—80%。对应当前劳动力数量粗略计算在 2 亿—3 亿。

2016 年 12 月，亚马逊发布了一款无人超市 Amazon Go。这种超市采用人工智能技术确定客人提取的货物品种，并实现自动收费。对人工的需求仅仅是补货、维护等工作，主要的收银员和服务岗位完全为零。仅仅半年之后，中国的人工智能无人超市就如雨后春笋般出现。2017 年 7 月 3 日，国内首家投入商用的无人便利店缤果盒子宣布完成超过 1 亿元的 A 轮融资，并计划在一年内铺设 5000 个网点。另一家无人便利店 F5 未来商店也宣布获得创新工场 3000 万元融资，这是一家依托自主研发的机械臂和后台管理系统来构建无人化场景的企业。2017 年 6 月 25 日，娃哈哈宣布与深兰科技签订 3 年 10 万台、10 年百万台 TakeGo 无人店。在 2017 年 7 月 8 日—12 日举办的淘宝造物节上，阿里巴巴无人超市“淘咖啡”亮相。尽管有人马上争议无人超市存在的问题，如技术上的问题：当两人同时去拿一件商品时如何判断是谁最终拿走了商品？如果有人在商店里直接吃东西怎么办？以及成本上的问题：是否真比有人超市便宜？……事实上，正如我们前面所分析和指出的，一旦人工智能达到可以替代人工的程度，其成本会迅速地越来越占据相对于人工的绝对压倒性优势。

（4）智能机器人普及的经济可行性

根据中国《机器人产业发展规划（2016—2020）》（工业和信息化部，2016），到2020年中国自主品牌工业机器人年产将达10万台，这已经接近2014年22.5万台全球总销量的一半。中国生产成本优势及规模效应的体现会使机器人的价格在未来显著下降，加上劳动力成本的持续上升，从而不断增强机器人在中国以及全球范围应用的经济性。因此，尽管机器人和人工智能技术出现和使用都是20世纪中期的事情，但中国在2010年左右开始的机器人爆炸性增长，中国企业全面介入机器人的研发生产，以及相应时期人工智能、5G通信等技术的成熟，才是全球机器人和人工智能真正进入大规模商用化的时期。

这个技术发展阶段的特殊性需要充分考虑到，它也是中国经济、人口和社会发展的特殊历史机遇，会对未来中国人口政策的研究和制定产生空前重大的影响。

八、结论

中国未来会出现三个不同方向的劳动力变化。

1. 综合本文的分析，通过现有的成熟技术投入，和以人工智能、机器人和5G通信技术为主的技术进步考虑，中国未来会有一波极为强劲的在农业、工业和低端服务业机器换人的大浪潮，10年内具备剩余出至少4亿—5亿劳动力的潜力。

2. 中国从2012年起劳动力开始减少，至2016年年底累计减少近2000万，平均每年减少量在300万—500万。这个人口变化总体趋势在未来30—50年都很难避免。

3. 过去几十年经济发展从农业领域持续转移了每年600万至上千万的剩余劳动力，现在和未来还会持续这个过程。

未来，2、3两个因素不仅不会使中国在劳动力总量供给上产生进入“刘易斯拐点”问题，反而是剩余劳动力在1的作用下会以每年新增千万以上的速度越来越多，在未来10—20年特定时期出现反向运动“退出刘易斯拐点”。中国在提升TPL以降低Rmtf，劳动者收入增加，保障就业，保障企业经济效益和国际竞争力等方面将越来越陷入两难选择。大量剩余的劳动力向高智能服务业转移和升级，会对教育培训等形成巨大挑战。需要通过乡村休闲旅游等全新的市场分工和市场增量创造以消化剩余的劳动力。

在中国Rmtf显著降低到接近于零之前，中国人口政策的制定都不再需要考虑劳动力总量供给问题。这个劳动力过度剩余的时间长度会在50年以上，即50年内中国Rmtf不可能接近零。劳动力总量在相当长期内的自然减少只会有助于减轻以上两难选择的程度。

参考文献

1. 周天勇：《松开生育、户籍和农地管制三根绳》，财新网，http://opinion.caixin.com/2017-06-30/101107757.html。

2. David E. Bloom and Jeffrey G. Williamson. Demographic Transition and Economic Miracles in Emerging Asia, World Bank Economic Review [J], 1998,12(3).

3. W. Arthur Lewis，Economic Development with Unlimited Supplies of Labour，The Manchester School[J], 1954,22(2):139-191。

4. ［英］亚当·斯密：《 国富论》，郭大力、王亚南译，商务印书馆，2014 年版。

5. 卡尔·马克思：《资本论》，中央编译局译，人民出版社，2004 年版。

6. 汪涛：《生态社会人口论》，人民出版社，2015 年版，第 184—185 页。

7. 李开复：《人工智能对人类社会的真正威胁》，微信公众号：李开复 (kaifu)，2017-06-26。

8. 梁建章:《人工智能会带来大量失业，影响国际格局？梁建章逐一批驳李开复》，第一财经，http://www.yicai.com/news/5309398.html，2017-07-02。

9. 中 车 长 客 . http://www.crrcgc.cc/ckgf/g7651/s14896/t280350.aspx，2016,12。

10. 马斌:《为何我国无线寻呼业用户急剧下滑？》, CTI 论坛，2002 年 1 月，http://www.ctiforum.com/hangye/pager/article/article02_0102.htm。

11. 腾 讯 科 技，2012 年 1 月，http://tech.qq.com/a/20120116/000014.htm。

12. Gartner :《2016 年全球 PC 出货量连续第五年下滑》, 赛迪网，2017 年 1 月，http://www.ccidnet.com/2017/0116/10235256.shtml。

13. CIPA. http://www.cipa.jp/stats/documents/common/cr200.pdf, 2015.

14. CIPA. http://www.cipa.jp/stats/documents/e/d-2016_e.pdf，2016.

15. IMT-2020. M.2083 : IMT Vision - "Framework and overall objectives of the future development of IMT for 2020 and beyond"，ITU，

http://www.itu.int/rec/R-REC-M.2083-0-201509-I/en，2015,9。

16. 王毅:《撸起袖子加油干：详解 5G 八大关键技术 2017 走势》，通信产业网，2017 年 1 月。

17. 科普中国:《5G 关键技术到底有哪些？》, 中国日报中文网，2016 年 11 月。

18. 徐征:《Boston Dynamics 最新轮式暴跳机器人》，威腾网，2017 年 2 月。

19. 工业和信息化部：《2016 年通信运营业统计公报》，http://www.miit.gov.cn/n1146312/n1146904/n1648372/c5498087/content.html，2017,1。

20. 国 家 统 计 局 . http://data.stats.gov.cn/easyquery.htm?cn=C01&zb=A0301&sj=2015，2015。

21. 机 器 人 网 . http://robot.ofweek.com/2016-08/ART-8321202-8420-30021472.html，2016,8。

22. 工业和信息化部：《工业和信息化部 发展改革委 财政部关于印发〈机器人产业发展规划（2016—2020 年）〉的通知》，

http://www.miit.gov.cn/n1146285/n1146352/n3054355/n3057585/n3057591/c4746611/content.html，2016,4。

23. 金红：《无人零售商店（Amazon Go）技术方案以及发展趋势（附 PPT+ 视频）| 硬创公开课》,2017 年 3 月 25 日，https://www.leiphone.com/news/201703/5iXkHxC5eR9VuHpv.html。

24. 张逸：《马云、宗庆后都入局，无人便利店是炒作还是风口？》，2017 年 7 月 10 日，http://www.sohu.com/a/155927957_99930857。